Kay-Henner Menge

Marmeladen & mehr

Mit den besten Rezepten zu Konfitüren, Gelees, Chutneys & Sirups

 Bassermann

Inhalt

Sommerfreuden für das ganze Jahr

Zugegeben, es gibt jede Menge Marmeladen, Konfitüren und Gelees zu kaufen. Aber an selbst Eingemachtes kommen sie eben alle nicht heran. Und: Es ist ganz einfach, Obst und Beeren in süßer oder pikanter Form ins Glas zu bringen.

Süß Eingekochtes – was ist was?

Jeder weiß, was gemeint ist, wenn man beim Frühstück nach der Marmelade fragt. Im Zuge der europäischen Harmonisierung hat man sich jedoch darauf verständigt, dass sich ein Erzeugnis nur dann **Marmelade** nennen darf, wenn es aus Zitrusfrüchten und Zucker hergestellt wurde. Alle anderen Brotaufstriche aus zerkleinerten Früchten und Zucker heißen demnach **Konfitüre**. Und alles, was aus dem Saft von Früchten und mit Zucker gekocht wird, nennt sich **Gelee**.

Zucker und Geliermittel im Überblick

Hinweis Für ein optimales Einmachergebnis beachten Sie bitte zusätzlich die Herstellerangaben auf der Verpackung.

Unsere Urgroßmütter kochten ihre Konfitüren aus Zucker und Früchten im gleichen Verhältnis. Das dauerte bei manchen Früchten recht lange, aber es funktionierte! Denn Früchte enthalten in unterschiedlicher Menge den Stoff, den man zum Marmeladekochen unbedingt braucht: **Pektin**. Dieser pflanzliche Ballaststoff festigt in Verbindung mit Zucker und Säure die Fruchtmasse und bildet ein sogenanntes Gel. Darum wird das Festwerden von Marmeladen, Konfitüren und Gelees als Gelieren bezeichnet.

Aus Früchten, die von Natur aus pektinreich sind, wie Äpfel, Quitten, Heidel-, Johannis- oder Stachelbeeren sowie Zitrusfrüchten, lassen sich mit **Haushaltszucker** im Verhältnis 1:1 klassische Konfitüren bzw. Marmeladen kochen. Um eine lange Haltbarkeit von Eingemachtem zu gewährleisten, dient Zucker hier als natürliches Konservierungsmittel. Je weniger Zucker in Eingemachtem enthalten ist, desto kürzer kann es aufgehoben werden. Im Handel finden Sie **Einmachzucker**, ein Zucker mit etwas gröberen Kristallen, die sich beim Einmachen langsamer auflösen. Dadurch kann sich das Fruchtaroma voll entfalten, es entsteht weniger unerwünschter Schaum.

Für Früchte, die naturgemäß wenig Pektin enthalten, wie Holunder-, Erd- und Himbeeren, Kirschen, Zwetschgen und Rhabarber, oder Früchte mit einem mittleren Pektingehalt, wie Aprikosen, Pfirsiche, Birnen, Brombeeren, Mirabellen und Weintrauben, empfiehlt sich die Zubereitung mit **Gelierzucker**. Damit verkürzt sich die Kochzeit erheblich. Gelierzucker ist immer eine Mischung aus Zucker und Pektin, das aus Zitrusschalen oder aus den Schalen knapp reifer säuerlicher Äpfel gewonnen wird. Der klassische Gelierzucker funktioniert nach der 1:1-Methode. Mit diesem Gelierzucker Eingemachtes ist nahezu unbegrenzt haltbar.

Im Handel finden Sie jedoch auch Gelierzucker, bei denen das Frucht-Zucker-Verhältnis zugunsten der Früchte erhöht ist; dadurch ergibt sich ein entsprechend fruchtigeres Aroma. Für **Gelierzucker 2:1** nehmen Sie 1 Kilogramm Früchte und 500 Gramm Zucker, für **Gelierzucker 3:1** benötigen Sie 1,5 Kilogramm Früchte und 500 Gramm Zucker. Beide Gelierzuckervarianten enthalten meist zusätzlich einen Konservierungsstoff; dennoch sollten

Tipp Wenn Sie einmal weniger Frucht einkochen möchten, als auf der Gelierzuckerpackung angegeben ist, sollten Sie den Gelierzucker auf jeden Fall vor dem Abwiegen in einer Schüssel sorgfältig durchrühren, damit sich Zucker und Pektin gleichmäßig mischen.

Unterschiedliche Zuckerarten schaffen Aromenvielfalt im Glas. Agavendicksaft unterstreicht die Frucht, brauner Zucker verleiht Karamellnoten.

die damit gekochten Konfitüren und Gelees nicht zu lange aufgehoben werden, da ihnen ein Teil des konservierenden Zuckers fehlt.

Neben den verschiedenen Formen von Gelierzucker finden Sie im Handel auch **Gelierpulver**. Auch dieses gibt es in den Ausführungen 1:1, 2:1 und 3:1. Gelierpulver ist besonders geeignet, wenn Sie Gelee kochen möchten und hierzu die Früchte mit einer Zuckerzugabe entsaften (siehe Seite 38f.). Oder wenn Sie Konfitüren und Gelees nicht mit Haushaltszucker, sondern mit einer anderen Zuckersorte kochen möchten.

Mit **braunem Zucker** bekommen Konfitüren, Gelees und Chutneys eine leicht karamellige Note. **Vollrohrzucker** ist eingedickter und gemahlener Zuckerrohrsaft; er gibt Eingemachtem eine dunkle Farbe und einen leicht malzigen Geschmack. Eingemachtes lässt sich aber auch mit **Honig** süßen. Wird er nur zum Süßen verwendet, entscheidet man sich am besten für Honig mit zartem Aroma (z. B. Akazienhonig). Soll er dagegen das Eingemachte aromatisieren, eignet sich ein Honig mit kräftigem Aroma (z. B. Wildblütenhonig).

Im Naturkostladen finden Sie **Agavendicksaft**, ein neutrales Süßungsmittel, das aus den Blättern der mexikanischen Agave hergestellt wird. Der honigähnliche Dicksaft besteht in der Hauptsache aus Fruchtzucker (Fruktose) und bringt die Fruchtigkeit Ihres Eingemachten besonders gut zur Geltung.

Zur optimalen Ausnutzung des fruchteigenen Pektins gibt man häufig Zitronensäure zu den Früchten. **Zitronensäure** ist ein natürliches Konservierungsmittel. Sie unterstützt das Gelieren Ihrer Konfitüren und Gelees. Sie bekommen Zitronensäure in Pulverform im gut sortierten Supermarkt oder im Naturkostladen.

Hinweis Die Kochzeit beginnt ab dem Zeitpunkt, zu dem die Fruchtmasse durch und durch sprudelnd kocht. Damit nichts am Topfboden ansetzt, sollte während dieser Zeit ständig gerührt werden.

Blick in den Küchenschrank

Ob Sie Marmelade, Gelee oder Chutney kochen wollen: Mit der richtigen Ausstattung gelingt alles einfacher und schneller. Die nötigsten Utensilien haben Sie sicher schon in der Küche: einen großen Kochtopf aus Edelstahl, der am besten einen Durchmesser von 24 Zentimetern hat und so hoch sein muss, dass die Fruchtmasse, wenn der Topf zur Hälfte gefüllt ist, nicht überkocht. Dann brauchen Sie noch eine (digitale) Küchenwaage und einen genauen Messbecher. Hilfreich sind auch: Kochlöffel, Schneebesen sowie

Vor dem Abfüllen unerlässlich: erst eine Gelierprobe machen, dann mit einem Schaumlöffel den Schaum abheben.

ein Schaumlöffel. Schließlich ist ein Kurzzeitwecker ein weiterer wichtiger Küchenhelfer, denn die vorgegebenen Kochzeiten sollten ganz genau eingehalten werden.

Klare Sache – Gläser fürs Eingemachte

Zur Lagerung von Eingemachtem eignen sich am besten Gläser mit einem Twist-off-Deckel. Diese können neu oder gebraucht sein. Wichtig ist, dass die Gläser unversehrt sind und die Deckel fest schließen.

Damit Sie lange Freude am Eingemachten haben und der Inhalt nicht verdirbt, ist beim Einkochen Sauberkeit das oberste Gebot. Um die Gläser vorzubereiten, müssen sie zunächst mit heißem Wasser und Spülmittel gereinigt werden. Anschließend lässt man sie auf einem sauberen Geschirrtuch kopfüber abtropfen. Gläser nicht abtrocknen! Die Deckel am besten in kochendes Wasser geben, zehn Minuten auskochen und wie die Gläser abtropfen lassen. Oder Gläser und Deckel mit dem heißesten Programm der Spülmaschine reinigen.

Wer seine Gläser sterilisieren will, stellt sie auf den Backofenrost und erhitzt sie zehn Minuten bei 150 °C. Die Gläser anschließend im ausgeschalteten Backofen ruhen lassen, bis das Einmachgut abgefüllt werden kann.

Tipp Beim Einmachen können die gekochten Mengen leicht variieren; darum besser ein Glas mehr vorbereiten als in den Rezepten angegeben.

Hilfreich: Mit einem Einfüll-trichter bleiben die Glasränder sauber. Befüllte Gläser sofort verschließen und kurz auf den Deckel stellen.

Konfitüre und Co. gelieren besser in kleinen als in großen Gläsern. Wenn Sie gebrauchte Gläser verwenden, achten Sie darauf, dass Sie Süßes nur in solche Gläser füllen, in denen zuvor auch Süßes war. So lässt sich eine geschmackliche Beeinflussung ausschließen.

Gelierprobe, Abschäumen – und dann ab ins Glas!

Um sicherzugehen, dass Marmelade oder Gelee wirklich fest werden, sollten Sie eine Gelierprobe machen. Hierzu stellen Sie vor dem Kochen zwei kleine Teller ins Gefrierfach. Nach der Kochzeit geben Sie etwas Fruchtmasse auf einen der Teller. Wird die Probe nach kurzer Zeit fest, bekommt auch der Rest der Masse genügend Festigkeit im Glas. Wird die Probe nicht fest, kochen Sie die Fruchtmasse zwei bis drei Minuten länger und rühren ein Päckchen Zitronensäure (5 Gramm) darunter. Dann machen Sie eine weitere Gelierprobe.

Der natürliche Schaum, der beim Kochen auf der Fruchtmasse entstehen kann, darf nicht mit ins Glas, denn er kann durch den Einschluss von Sauerstoff die Haltbarkeit des Eingemachten beeinträchtigen. Schöpfen Sie darum den Schaum vor dem Abfüllen mit einem Schaumlöffel ab.

Tipp Wenn Sie Konfitüre oder Gelee mit Alkohol verfeinern möchten, geben Sie diesen stets erst am Ende der Kochzeit zu. Denn Alkohol kann Pektin zerstören; das Eingemachte geliert eventuell nicht.

Zum Abfüllen der kochend heißen Fruchtmasse stellen Sie die vorbereiteten Gläser auf ein feuchtes Tuch, damit sie nicht springen. Zum Einfüllen benutzen Sie am besten eine saubere kleine Kelle. Gelee können Sie direkt aus dem Topf in die Gläser gießen. In beiden Fällen ist ein Einfülltrichter mit extraweiter Öffnung sehr hilfreich. Diese ist groß genug, dass auch stückiges Einmachgut sauber ins Glas gelangt.

Füllen Sie das Einmachgut randvoll in die Gläser; achten Sie darauf, dass die Glasränder sauber bleiben, damit die Deckel richtig schließen. Sind die Ränder doch einmal verschmutzt, müssen sie sofort mit Küchenpapier oder einem sauberen (!) feuchten Tuch gereinigt werden. Gläser sofort fest verschließen und fünf Minuten auf den Deckel stellen. Dadurch kann keine Luft ins Glas nachfließen, wenn der Inhalt abkühlt und sich zusammenzieht. Beim Abkühlen bildet sich im Glas ein Vakuum, das dieses luftdicht abschließt. Das Eingemachte vor Zugluft geschützt auf einem Brett oder Kuchengitter abkühlen lassen. Nach dem vollständigen Abkühlen unbedingt prüfen, ob sich ein Vakuum gebildet hat – die Mitte des Twist-off-Deckels muss leicht nach innen gewölbt sein. Beachten Sie bitte: In den Gläsern kann der Geliervorgang bis zu einer Woche oder länger dauern.

Konfitüre ohne Kochen

Ein ganz besonderes Fruchtvergnügen bereitet kalt gerührte Konfitüre. Weil sie nicht gekocht wird, ist sie nur begrenzt haltbar und sollte daher stets im Kühlschrank aufbewahrt werden. Achten Sie bei dieser Zubereitungsmethode äußerst penibel auf Sauberkeit.

Für 3 Gläser à 200 Milliliter: 500 Gramm Beeren (beispielsweise Erd-, Heidel- oder Himbeeren) verlesen und kurz waschen. Die Beeren gut abgetropft grob zerkleinern. Mit **500 Gramm Gelierzucker 1:1** und **1 Päckchen Zitronensäure** (5 Gramm) pürieren und in der Küchenmaschine oder mit den Schneebesen des Handrührers auf höchster Stufe mindestens 20 Minuten rühren (Gebrauchsanleitung des Herstellers beachten!), bis sich der Zucker vollständig gelöst hat. In vorbereitete, kalte Gläser füllen und fest verschließen.

Die Konfitüre nach Belieben vor dem Rühren mit **2 Teelöffeln fein abgeriebener Biolimettenschale** oder dem ausgekratzten **Mark von 1 Vanilleschote** aromatisieren.

Tipp Kaufen Sie lieber ein wenig mehr Obst als in den Rezepten angegeben. Dann können Sie Verluste, die beim Verlesen oder Putzen entstehen, einfach ausgleichen. Und was nicht verkocht wird, kann einfach vernascht werden!

Immer eine gute Wahl – bestes Obst ins Glas!

Verwenden Sie zum Einmachen stets nur reifes Obst und Gemüse von bester Qualität. Die Früchte sollten so frisch wie möglich und gut ausgereift sein. Unreifes Obst hat noch nicht sein volles Aroma, überreifes Obst enthält weniger Pektin und verdirbt schnell. Beeren sind besonders empfindlich und sollten nach Einkauf oder Ernte rasch verarbeitet werden. Breiten Sie die Beeren bis zur Verarbeitung flach aus und lagern Sie diese möglichst kühl.

Verarbeiten Sie nur einwandfreie Früchte; Angeschimmeltes auf keinen Fall verwenden, sondern wegwerfen.

Auch tiefgekühlte Früchte können Sie zum Einmachen verwenden. So lassen sich frühe Obstarten toll mit saisonal späteren kombinieren. Entweder frieren Sie vorbereitete Früchte ohne Zucker selbst ein oder Sie greifen auf industriell Gefrorenes zurück. Wichtig: den beim Auftauen entstehenden Saft immer mitverwenden.

Obst und Gemüse vor dem Zerkleinern nur kurz waschen und sehr gut abtropfen lassen, damit sich Aromaverluste in Grenzen halten. Danach alles wie im Rezept angegeben zerkleinern und erst dann präzise abwiegen. Richten Sie sich genau (!) nach den Mengenangaben, damit Ihr Gelee oder Ihre Marmelade die richtige Konsistenz bekommt. Die Zutatenmengen können maximal verdoppelt werden. Bei größeren Mengen verlängert sich die Kochzeit, und die Fruchtmasse kocht schlechter durch.

Hinweis Obst und Gemüse aus kontrolliertem Bioanbau ist zwar meist etwas teurer, aber auch komplett unbehandelt – und Sie können sicher sein, dass keine Pestizidrückstände im Fruchtfleisch oder auf den Schalen vorhanden sind.

Lagerung und Haltbarkeit

Der ideale Lagerort für das Eingemachte ist kühl, trocken und möglichst dunkel. Konfitüren verlieren im Lauf der Zeit zwar ihre Farbe, das Aroma bleibt aber weitgehend erhalten. Das ist besonders auffällig bei Erdbeeren. Damit es nicht zu Verwechslungen, beispielsweise von Konfitüre und Chutney, kommt, ist es ratsam, die Gläser mit Inhalt und Datum zu etikettieren (siehe auch Seite 8of.).

Das Eingemachte ist ein bis zwei Jahre lang haltbar. Geöffnete Gläser sollte man stets im Kühlschrank aufbewahren und so bald wie möglich aufbrauchen.

Hinweis Einmachgut mit Gewürzen oder frischen Kräutern schmeckt frisch am besten! Nüsse und Schokolade können die Haltbarkeit verkürzen.

Bleibt der Topfboden beim Umrühren kurz abgegrenzt zu sehen, ist das Chutney fertig und kann abgefüllt werden.

Pikant Eingemachtes – was ist was?

Ursprünglich aus Indien stammt die süßsäuerliche Beilage **Chutney**, die heute im englischsprachigen Raum auf dem Speiseplan als Beigabe zu Fleisch-, Fisch- und Gemüsegerichten zu finden ist. Chutney wird aus Früchten und/oder Gemüse mit Essig, Zucker und Gewürzen ähnlich wie Marmelade gekocht und hat eine dickflüssige, fast pastenartige Konsistenz. Ist die Konsistenz dünnflüssiger, wird die Würzsauce als **Relish** bezeichnet.

In der Zubereitung unterscheiden sich Chutney und Co. vor allem dadurch, dass weniger Zucker eingesetzt wird. Konserviert werden sie durch die Kombination von Zucker und Essig. Da kein Gelierzucker verwendet wird, sind die Kochzeiten entsprechend länger.

Gemüse enthält kein oder sehr wenig Pektin, darum können Sie bei der Zubereitung von Chutneys keine Gelierprobe machen. Sie erkennen die richtige Beschaffenheit eines Chutneys daran, dass der Topfboden beim Umrühren für einen kurzen Moment quasi als Spur klar abgegrenzt sichtbar bleibt. Schließt sich die Spur sofort wieder, muss die Masse noch etwas länger gekocht werden. Chutneys und Relishes sind genauso lange haltbar wie Konfitüren.

Tipp Geben Sie Ihrem Chutney ausreichend Zeit, um sein Aroma zu entwickeln. Es schmeckt am besten, wenn Sie es mindestens vier Wochen ruhen lassen. So können sich die unterschiedlichen Aromen der Gewürze harmonisch miteinander verbinden.

Konfitüren & Marmeladen

Klar, Sie können jede Menge Konfitüren und Marmeladen kaufen. Aber die Freuden des selbst Eingemachten erreichen die gekauften alle nicht. Frisches Obst und saftige Beeren winterfest ins Glas zu bringen, ist ganz einfach, macht jede Menge Spaß – und das Ergebnis krönt jeden Frühstückstisch. Ob Sie rote Grütze in Form von Konfitüre bevorzugen oder klassische Zitronenmarmelade vernaschen wollen: Machen Sie sich und anderen eine Frühstücksfreude!

Klassische Erdbeerkonfitüre

Für 6 Gläser à 200 ml

1,1 kg reife Erdbeeren
5 EL Zitronensaft
500 g Gelierzucker 2:1

*Zubereitungszeit: ca. 1 Stunde
(plus Wartezeit)*

ZUBEREITUNG

1 Erdbeeren verlesen, kurz waschen und abtropfen lassen, mit einem spitzen Messer von den Blättchen befreien und halbieren oder vierteln.

2 1 Kilogramm Erdbeeren abwiegen und mit einer Gabel oder einem Kartoffelstampfer zerdrücken. Mit Zitronensaft und Gelierzucker in einem großen Topf mischen und zugedeckt mindestens 1 Stunde Saft ziehen lassen.

3 Konfitüremasse bei starker Hitze unter Rühren aufkochen und 3 Minuten sprudelnd kochen lassen. Eine Gelierprobe machen und die Konfitüre abschäumen (siehe Seite 10).

4 Konfitüre sofort randvoll in vorbereitete Twist-off-Gläser füllen und verschließen. Gläser 5 Minuten auf den Deckel stellen, umdrehen und abkühlen lassen.

Variante mit Basilikum 20 große Basilikumblätter waschen und trockentupfen. Blätter längs halbieren und quer in feine Streifen schneiden. Nach dem Abschäumen unter die Konfitüre rühren.

Variante mit grünem Pfeffer 4 Teelöffel eingelegte grüne Pfefferkörner (aus dem Glas) in einem Sieb abspülen, abtropfen lassen und hacken. Nach dem Abschäumen unter die Konfitüre rühren.

Variante mit Limette 1 Biolimette heiß waschen, trocknen und 2 Teelöffel Schale fein abreiben. 5 Esslöffel Limettensaft auspressen und statt Zitronensaft zu den Erdbeeren geben. Limettenschale erst nach dem Abschäumen unter die Konfitüre rühren.

Variante mit Holunderblütensirup 900 Gramm Erdbeeren und 100 Gramm Holunderblütensirup (siehe Seite 60) verwenden. Zitronensaft durch 1 Päckchen Zitronensäure (5 Gramm) ersetzen.

Das Foto zu diesem Rezept finden Sie auf Seite 14.

Pfirsich-Aprikosen-Konfitüre mit Lavendel

ZUBEREITUNG

1 Haut der Pfirsiche auf der runden Seite einritzen, Pfirsiche für 30 Sekunden in kochendes Wasser geben, abschrecken und häuten, dann entsteinen. Aprikosen waschen, halbieren und entsteinen. Pfirsiche und Aprikosen in kleine Würfel schneiden.

2 Je 500 Gramm Pfirsich- und Aprikosenwürfel abwiegen und mit dem Gelierzucker in einem großen Topf mischen. Zitrone heiß waschen, trocknen, 1 gehäuften Teelöffel Schale fein abreiben. Zitronensaft auspressen. Zitronenschale und 3 Esslöffel Zitronensaft zur Pfirsich-Aprikosen-Mischung geben.

3 Konfitüremasse bei starker Hitze unter Rühren aufkochen und 3 Minuten sprudelnd kochen lassen. Eine Gelierprobe machen, Konfitüre eventuell abschäumen (siehe Seite 10). Lavendelblüten unterrühren. Konfitüre sofort randvoll in vorbereitete Twist-off-Gläser füllen und verschließen.

4 Gläser 5 Minuten auf den Deckel stellen, umdrehen und abkühlen lassen. Die Pfirsich-Aprikosen-Konfitüre mindestens 1 Woche durchziehen lassen.

Tipp Sie können auch frische Lavendelblüten aus dem Garten oder vom Balkon nehmen. Getrockneter Lavendel hat jedoch ein intensiveres Aroma als frischer; deshalb brauchen Sie für diese Variante 3 Teelöffel.

Für 5 Gläser à 200 ml

4 Pfirsiche à 150 g
600 g Aprikosen
500 g Gelierzucker 2:1
1 große Biozitrone
2 TL getrocknete Lavendelblüten

Zubereitungszeit: ca. 45 Minuten

Das Foto zu diesem Rezept finden Sie auf Seite 2 links.

Heidelbeerkonfitüre
mit Vanillesahne

Für 5 Gläser à 200 ml

800 g Kulturheidelbeeren

500 g Agavendicksaft
(aus dem Naturkostladen)

1 Päckchen Zitronensäure (5 g)

1/2 Vanilleschote

125 g Crème double

Zubereitungszeit: ca. 40 Minuten

ZUBEREITUNG

1 Heidelbeeren verlesen, kurz waschen und gut abtropfen lassen. 750 Gramm Heidelbeeren abwiegen und mit Agavendicksaft sowie Zitronensäure in einen großen Topf geben. Vanilleschote längs aufschlitzen und das Mark herauskratzen. Vanilleschote und -mark zu den Heidelbeeren geben.

2 Heidelbeermischung bei starker Hitze unter Rühren aufkochen. Konfitüremasse 4 Minuten sprudelnd kochen lassen. Vanilleschote entfernen. Beeren mit einem Kartoffelstampfer zerdrücken oder mit einem Schneidstab grob pürieren. Konfitüremasse weitere 4 Minuten sprudelnd kochen lassen. Crème double unterrühren, Masse aufkochen und weitere 2 Minuten sprudelnd kochen lassen.

3 Eine Gelierprobe machen (siehe Seite 10), die Konfitüre sofort randvoll in vorbereitete Twist-off-Gläser füllen und verschließen. Gläser 5 Minuten auf den Deckel stellen, umdrehen und abkühlen lassen. Die Gläser während des Abkühlens gelegentlich umdrehen, damit sich die Crème double nicht an der Oberfläche absetzt.

Hinweis Diese besondere Konfitüre sollten Sie innerhalb von 6 Monaten verbrauchen. Sie enthält Fett und ist darum weniger lange haltbar als andere Konfitüren.

Pfirsich-Maracuja-Konfitüre

Für 5 Gläser à 200 ml

12 Maracujas (Passionsfrüchte)
à ca. 60 g
4 Pfirsiche à ca. 150 g
500 g Gelierzucker 2:1
1 Päckchen Zitronensäure (5 g)

Zubereitungszeit: ca. 45 Minuten

ZUBEREITUNG

1 Maracujas halbieren, Saft, Fruchtfleisch und Kerne mit einem Teelöffel herauskratzen. Mit einem Schneidstab 30 Sekunden pürieren und durch ein feines Sieb streichen. Haut der Pfirsiche auf der runden Seite einritzen, die Pfirsiche für 30 Sekunden in kochendes Wasser geben, abschrecken und häuten, entsteinen und das Fruchtfleisch pürieren.

2 300 Gramm Maracuja- und 500 Gramm Pfirsichpüree abwiegen. Mit Gelierzucker und Zitronensäure in einem großen Topf mischen. Konfitüremasse bei starker Hitze unter Rühren aufkochen und 4 Minuten sprudelnd kochen lassen. Eine Gelierprobe machen, die Konfitüre eventuell abschäumen (siehe Seite 10).

3 Konfitüre sofort randvoll in vorbereitete Twist-off-Gläser füllen und verschließen. Gläser 5 Minuten auf den Deckel stellen, umdrehen und abkühlen lassen.

Tipp Für eine Konfitüre sollten die Pfirsiche richtig reif sein. Ein besonders fruchtiges Aroma haben Pfirsiche mit weißem Fruchtfleisch.

Variante mit Pfirsichlikör Rühren Sie nach dem Abschäumen 4 Esslöffel Pfirsichlikör unter die Konfitüre.

Pfirsich - Maracuja

Birnen-Walnuss-Konfitüre mit Safran

ZUBEREITUNG

1 Birnen schälen und vierteln. Viertel entkernen und in 1 Zentimeter große Würfel schneiden. 900 Gramm Birnenwürfel abwiegen und in einem großen Topf mit Zitronensaft und Gelierzucker mischen. Zugedeckt 12 Stunden Saft ziehen lassen.

2 Safran in 4 Esslöffel warmem Wasser 5 Minuten einweichen. Walnüsse nicht zu fein hacken, feine Bestandteile mit einem groben Sieb entfernen. Nüsse und Safran samt Einweichwasser unter die Birnen mischen.

3 Birnenmischung bei starker Hitze unter Rühren aufkochen, 4 Minuten sprudelnd kochen lassen, eine Gelierprobe machen und die Konfitüre eventuell abschäumen (siehe Seite 10).

4 Konfitüre sofort randvoll in vorbereitete Twist-off-Gläser füllen und verschließen. Gläser 5 Minuten auf den Deckel stellen, umdrehen und abkühlen lassen. Die Gläser während des Abkühlens gelegentlich umdrehen, damit sich die Birnenwürfel im Glas gut verteilen. Konfitüre mindestens 1 Woche durchziehen lassen.

Variante mit Granatapfelsaft 700 Gramm Birnenwürfel mit Gelierzucker und Zitronensaft ziehen lassen. 1 großen Granatapfel auspressen. Mit 200 Millilitern Granatapfelsaft, 100 Gramm gehackten Walnusskernen und 1/4 Teelöffel gemahlenen Nelken wie oben beschrieben kochen. Safran für diese Variante weglassen.

Für 6 Gläser à 200 ml

1 kg reife Birnen
5 EL Zitronensaft
500 g Gelierzucker 2:1
1/2 Döschen Safranfäden
100 g Walnusskerne

Zubereitungszeit: ca. 1 Stunde (plus Wartezeit)

Rote-Grütze-Konfitüre

Für 5 Gläser à 200 ml

300 g Sauerkirschen
300 g rote Johannisbeeren
300 g schwarze Johannisbeeren
250 g Himbeeren
500 g Gelierzucker 2:1

Zubereitungszeit: ca. 1 Stunde

ZUBEREITUNG

1 Kirschen und Johannisbeeren getrennt voneinander waschen und abtropfen lassen. Himbeeren verlesen. Johannisbeeren von den Rispen streifen. Kirschen entsteinen, die Hälfte der Kirschen halbieren, restliche Kirschen pürieren.

2 Insgesamt 1 Kilogramm Früchte abwiegen und in einem großen Topf mit Gelierzucker mischen. Frucht-Zucker-Mischung bei starker Hitze unter Rühren aufkochen und 3 Minuten sprudelnd kochen lassen.

3 Eine Gelierprobe machen und die Konfitüre abschäumen (siehe Seite 10). Sofort randvoll in vorbereitete Twist-off-Gläser füllen und verschließen. Gläser 5 Minuten auf den Deckel stellen, umdrehen und abkühlen lassen.

Tipp Rote-Grütze-Konfitüre können Sie auch mit anderen Früchten kochen, wobei immer ein Teil püriert werden sollte. Ersetzen Sie einfach eine Fruchtsorte durch klein gewürfelte Erdbeeren, Rhabarber oder Brombeeren. Die Sauerkirschen können Sie durch Süßkirschen ersetzen.

Variante mit Alkohol Dieser Konfitüre können Sie durch Zugabe von 3 Esslöffeln Kirschwasser oder Orangenlikör einen besonderen Pfiff geben. Den Alkohol erst nach dem Abschäumen unterrühren.

Variante mit Mandeln 50 Gramm gehackte Mandeln in einer Pfanne ohne Fett goldbraun rösten, mit 4 Tropfen Bittermandelöl unter die Frucht-Zucker-Mischung rühren und mitkochen.

Reneklodenkonfitüre

Für 6 Gläser à 200 ml

1,2 kg Renekloden
600 g Agavendicksaft (aus dem
Naturkostladen)
1 Päckchen Zitronensäure (5 g)
1 Päckchen Gelierpulver 2 : 1 (25 g)
1 TL gemahlene Naturvanille
(aus dem Naturkostladen)

*Zubereitungszeit: ca. 1 Stunde
(plus Wartezeit)*

ZUBEREITUNG

1 Renekloden waschen, halbieren und entsteinen. Reneklodenhälften in 1 Zentimeter große Würfel schneiden. 1 Kilogramm Reneklodenwürfel abwiegen, mit Agavendicksaft und Zitronensäure in einen weiten Topf geben. Zugedeckt mindestens 1 Stunde Saft ziehen lassen.

2 Gelierpulver und Vanille unter die Reneklodenmischung rühren. Bei starker Hitze unter Rühren aufkochen, 4 Minuten sprudelnd kochen lassen, eine Gelierprobe machen, die Konfitüre abschäumen (siehe Seite 10). Konfitüre sofort randvoll in vorbereitete Twist-off-Gläser füllen und verschließen. Gläser 5 Minuten auf den Deckel stellen, umdrehen und abkühlen lassen.

Mirabellen-Apfel-Konfitüre

Für 6 Gläser à 200 ml

850 g Mirabellen
500 g Gelierzucker 2 : 1
5 EL Zitronensaft
350 g Äpfel
1 TL Anissaat

*Zubereitungszeit: ca. 1 Stunde
(plus Wartezeit)*

ZUBEREITUNG

1 Mirabellen verlesen, waschen und abtropfen lassen, dann halbieren, entsteinen und das Fruchtfleisch klein würfeln. 750 Gramm abwiegen, in einem großen Topf mit Gelierzucker und Zitronensaft mischen und zugedeckt 3 Stunden Saft ziehen lassen.

2 Äpfel waschen und schälen. Äpfel bis aufs Kerngehäuse fein reiben und 250 Gramm abwiegen. Mit Anis unter die Mirabellen mischen. Alles bei starker Hitze unter Rühren aufkochen, 4 Minuten sprudelnd kochen lassen. Eine Gelierprobe machen, Konfitüre abschäumen (siehe Seite 10). Sofort randvoll in vorbereitete Twist-off-Gläser füllen und verschließen. Gläser 5 Minuten auf den Deckel stellen, umdrehen und abkühlen lassen. Konfitüre mindestens 1 Woche durchziehen lassen.

Himbeerkonfitüre
mit weißer Schokolade

ZUBEREITUNG

1 Schokolade fein hacken und beiseitestellen. Himbeeren verlesen, pürieren und durch ein feines Sieb streichen. 900 Gramm Himbeerpüree abwiegen.

2 Himbeerpüree, Gelierzucker und Zitronensäure in einem großen Topf mischen und bei starker Hitze unter Rühren aufkochen. Konfitüremasse 3 Minuten sprudelnd kochen lassen. Schokolade zugeben und unter Rühren schmelzen.

3 Eine Gelierprobe machen und die Konfitüre abschäumen (siehe Seite 10). Konfitüre sofort randvoll in vorbereitete Twist-off-Gläser füllen und verschließen. Gläser 5 Minuten auf den Deckel stellen, umdrehen und abkühlen lassen.

Tipps Die Schokolade lässt sich einfacher hacken, wenn Sie sie vorher 30 Minuten in den Kühlschrank legen.
Seien Sie bei der Schokolade wählerisch! Die Konfitüre können Sie auch mit Bitterschokolade zubereiten. Mit aromatisierter Schokolade (beispielsweise Orange oder Chili) erleben Sie weitere Konfitürefreuden.

Für 5 Gläser à 200 ml

100 g weiße Schokolade
1 kg Himbeeren
500 g Gelierzucker 2:1
1 Päckchen Zitronensäure (5 g)

Zubereitungszeit: ca. 40 Minuten

27

Apfelstrudelkonfitüre

Für 6 Gläser à 200 ml

50 g Sultaninen
4 EL brauner Rum
1 große Biozitrone
1,2 kg säuerliche Äpfel
500 g Gelierzucker 2:1
40 g gehackte Mandeln
1 Vanilleschote
1 TL Zimtpulver

**Zubereitungszeit:
ca. 1 Stunde 15 Minuten
(plus Wartezeit)**

ZUBEREITUNG

1 Sultaninen in einem Sieb abspülen und in Rum einweichen. Zitrone heiß waschen, trockenreiben und 2 Teelöffel Schale fein abreiben, 5 Esslöffel Zitronensaft auspressen. Äpfel schälen, entkernen und klein würfeln. Apfelwürfel sofort mit Zitronensaft und -schale mischen. 1 Kilogramm Apfelwürfel abwiegen, mit dem Gelierzucker in einem großen Topf mischen und 1 Stunde durchziehen lassen.

2 Mandeln in einer Pfanne ohne Fett unter gelegentlichem Rütteln goldbraun rösten. Vanilleschote längs aufschlitzen und das Mark herauskratzen. Mark, Vanilleschote, Mandeln, Rumsultaninen und Zimt unter die Äpfel mischen. Konfitüremasse bei starker Hitze unter Rühren aufkochen, dann 4 Minuten sprudelnd kochen lassen.

3 Eine Gelierprobe machen (siehe Seite 10). Vanilleschote entfernen, Konfitüre eventuell abschäumen (siehe Seite 10), sofort randvoll in vorbereitete Twist-off-Gläser füllen und verschließen.

4 Gläser 5 Minuten auf den Deckel stellen, umdrehen und abkühlen lassen. Die Apfelstrudelkonfitüre mindestens 1 Woche durchziehen lassen.

Variante Ersetzen Sie die Mandeln durch grob gehackte Pinienkerne, das Zimtpulver durch 1 Teelöffel frisch gehackte Rosmarinnadeln und den Rum durch Grappa.

Kastanienmus
mit Vanille und Rum

ZUBEREITUNG

1 Kastanien mit einem spitzen Messer auf der gewölbten Seite kreuzweise einschneiden, in reichlich kochendem Wasser 5 Minuten sprudelnd kochen lassen, abgießen, kurz abtropfen lassen und noch heiß schälen.

2 400 Gramm Kastanien abwiegen und mit den Lorbeerblättern in einen Topf geben, mit kochend heißem Wasser bedecken, leicht salzen und zugedeckt aufkochen. Bei milder Hitze in 20 bis 30 Minuten weich kochen. Kastanien abgießen und durch ein grobes Sieb streichen oder mit einem Kartoffelstampfer sorgfältig zerdrücken.

3 Vanilleschote längs halbieren und das Mark herauskratzen. 500 Milliliter Wasser, den Zucker, Zitronenschale, Vanillemark und -schote in einem großen Topf bei milder Hitze unter Rühren erwärmen, bis sich der Zucker aufgelöst hat. Sirup 5 Minuten bei milder Hitze köcheln. Vanilleschote und Zitronenschale entfernen.

4 Kastanienpüree unter den Sirup mischen und unter Rühren aufkochen. Konfitüremasse 5 bis 10 Minuten kochen lassen, bis die Masse cremig-dicklich ist. Rum unter das Mus rühren. Mus sofort randvoll in vorbereitete Twist-off-Gläser füllen und verschließen. Gläser 5 Minuten auf den Deckel stellen, umdrehen und abkühlen lassen.

Tipp Weniger aufwendig ist die Muszubereitung mit geschälten Kastanien aus dem Vakuumpack. Diese wie oben beschrieben in 15 bis 20 Minuten weich kochen.

Für 5 Gläser à 200 ml

500 g große Esskastanien (Maronen)

2 Lorbeerblätter

Salz

1 Vanilleschote

400 g Vollrohrzucker

1 Stück Biozitronenschale (ca. 6 cm lang)

3–4 EL brauner Rum

Zubereitungszeit: ca. 2 Stunden

Tomatenkonfitüre
mit getrockneten Aprikosen

Für 6 Gläser à 200 ml

1,2 kg reife, feste Tomaten
200 g getrocknete Aprikosen
1 Vanilleschote
600 g Agavendicksaft
(aus dem Naturkostladen)
1 Päckchen Gelierpulver 2:1 (25 g)

Zubereitungszeit: ca. 1 Stunde

ZUBEREITUNG

1 Tomaten waschen, auf der runden Seite kreuzweise einschneiden und portionsweise 30 Sekunden in kochendes Wasser geben, abschrecken und häuten, halbieren und den Stielansatz entfernen. Tomaten entkernen, Kerne durch ein feines Sieb streichen und Saft beiseitestellen. Tomatenfruchtfleisch in kleine Würfel schneiden.

2 800 Gramm Tomatenwürfel abwiegen, eventuell mit dem passierten Saft auffüllen und in einen großen Topf geben. Aprikosen in kleine Würfel schneiden. Vanilleschote der Länge nach halbieren und das Mark herauskratzen. Agavendicksaft, Gelierpulver, Aprikosen, Vanillemark und -schote unter die Tomaten rühren.

3 Konfitüremasse bei starker Hitze unter Rühren aufkochen und 3 Minuten sprudelnd kochen lassen. Eine Gelierprobe machen (siehe Seite 10). Vanilleschote entfernen, Konfitüre eventuell abschäumen (siehe Seite 10). Konfitüre sofort randvoll in vorbereitete Twist-off-Gläser füllen und verschließen. Gläser 5 Minuten auf den Deckel stellen, umdrehen und abkühlen lassen.

Tipp Die Konfitüre beim Kochen stets im Auge behalten und gut umrühren, da sie leicht anbrennt.

Variante mit Maracuja Ersetzen Sie die getrockneten Aprikosen durch die gleiche Menge Maracujamark. Dafür 8 Maracujas (Passionsfrüchte) à ca. 60 Gramm halbieren, Saft, Fruchtfleisch und Kerne mit einem Teelöffel herauskratzen. Mit einem Schneidstab 30 Sekunden pürieren und durch ein feines Sieb streichen. Wie oben beschrieben weiterverfahren.

Feinstückige
Zitronenmarmelade

Für 8 Gläser à 200 ml

1 kg Biozitronen
800 g Einmach- oder
Haushaltszucker

Zubereitungszeit: ca. 2 Stunden

ZUBEREITUNG

1 Zitronen waschen und trockenreiben, in einen großen Topf mit kochendem Wasser geben, zugedeckt aufkochen und bei milder Hitze 20 Minuten kochen lassen. Zitronen abgießen und den Vorgang 2-mal wiederholen. Das Kochwasser des 3. Vorgangs auffangen.

2 Zitronen in einem Sieb abtropfen lassen, die Flüssigkeit auffangen. Zitronen in mittelgroße Stücke schneiden, Stielansätze und Kerne dabei entfernen. Kerne in einen Einmalteebeutel geben und mit Küchengarn zubinden. Zitronenstücke durch die grobe Scheibe der Gemüsemühle (»Flotte Lotte«) treiben oder mit einem Schneidstab stückig pürieren.

3 Abgetropfte Flüssigkeit mit Zitronenkochwasser auf 1 Liter auffüllen. 800 Gramm Zitronenpüree abwiegen. Flüssigkeit, Püree, Teebeutel und Einmachzucker in einem großen Topf unter Rühren offen aufkochen und bei mittlerer Hitze 25 bis 35 Minuten kochen lassen. Beutel über der Marmeladenmasse kräftig ausdrücken und wegwerfen. Masse durchrühren, eine Gelierprobe machen und die Marmelade eventuell abschäumen (siehe Seite 10).

4 Zitronenmarmelade sofort in vorbereitete Twist-off-Gläser füllen und verschließen. Gläser 5 Minuten auf den Deckel stellen, umdrehen und abkühlen lassen.

Hinweis Die abgefüllte Marmelade benötigt einige Zeit, um zu gelieren. Gläser darum mindestens 2 Wochen an einem kühlen, dunklen Ort stehen lassen, ohne sie zu bewegen.

Varianten mit Zitrusfrüchten Nach diesem Rezept lässt sich auch Mandarinen- oder Orangenmarmelade zubereiten.

Fruchtige Kürbiskonfitüre

Für 6 Gläser à 200 ml

1 kg Butternuss- oder Muskatkürbis

500 g Akazienhonig

1 Bioorange

3 EL Zitronensaft

200–250 ml Apfelsaft

1 Päckchen Gelierpulver 2:1 (25 g)

Zubereitungszeit: ca. 50 Minuten (plus Wartezeit)

ZUBEREITUNG

1 Kürbis schälen, weiches Inneres und Kerne mit einem Esslöffel herauskratzen. Kürbis grob raspeln. 750 Gramm abwiegen, mit Honig in einen großen Topf geben. Orange heiß waschen, trockenreiben, Schale möglichst in einem Stück dünn abschälen. Orangensaft auspressen, Zitronensaft zugeben. Mit Apfelsaft auf 300 Milliliter auffüllen. Mischung mit Orangenschale zum Kürbis geben. Zugedeckt an einem kühlen Ort etwa 24 Stunden durchziehen lassen.

2 Gelierpulver unterrühren, bei starker Hitze unter Rühren aufkochen. Masse 6 bis 8 Minuten sprudelnd kochen lassen, eine Gelierprobe machen (siehe Seite 10). Orangenschale entfernen, die Konfitüre eventuell abschäumen (siehe Seite 10). Sofort randvoll in vorbereitete Twist-off-Gläser füllen, verschließen. Gläser 5 Minuten auf den Deckel stellen, umdrehen und abkühlen lassen. Konfitüre mindestens 1 Woche durchziehen lassen.

Pfirsich-Brombeer-Konfitüre

Für 6 Gläser à 200 ml

600 g reife weiße Pfirsiche (alternativ: gelbe Pfirsiche + 4 EL Pfirsichlikör)

100 ml Zitronensaft

500 g Brombeeren

500 g Gelierzucker 2:1

Zubereitungszeit: ca. 1 Stunde

ZUBEREITUNG

1 Pfirsiche mit einem scharfen Messer auf der runden Seite einritzen, 30 Sekunden in kochendes Wasser geben, abschrecken, häuten, halbieren, entsteinen. 500 Gramm abwiegen, in grobe Stücke schneiden, in einen großen Topf geben. Pfirsiche und Zitronensaft mit einem Schneidstab pürieren.

2 Brombeeren verlesen, 400 Gramm abwiegen. Beeren und Gelierzucker zur Pfirsichmischung geben, bei starker Hitze unter Rühren aufkochen. Masse 3 Minuten sprudelnd kochen lassen, eine Gelierprobe machen, Konfitüre eventuell abschäumen (siehe Seite 10), sofort randvoll in vorbereitete Twist-off-Gläser füllen, verschließen. Gläser 5 Minuten auf den Deckel stellen, umdrehen und abkühlen lassen.

Zwetschgenmus
mit Lebkuchengewürz

ZUBEREITUNG

1   Zwetschgen waschen, halbieren, entsteinen, grob würfeln. Mit Zitronensaft und 5 Esslöffeln Wasser in einem großen Topf unter Rühren aufkochen, zugedeckt 20 Minuten bei milder Hitze kochen.

2   Backofen auf 160 °C (Umluft nicht empfehlenswert) vorheizen. Zwetschgen und 200 Gramm Zucker mischen, in die Saftpfanne des Ofens geben. Bei leicht geöffneter Tür (Kochlöffelstiel dazwischenklemmen) in der mittleren Schiene 30 Minuten eindicken lassen.

3   200 Gramm Zucker unterrühren, weitere 30 Minuten eindicken lassen. Den restlichen Zucker und Lebkuchengewürz mischen, unter die Zwetschgenmasse rühren, weitere 30 Minuten eindicken lassen. Das Mus hat die richtige Konsistenz, wenn der Saftpfannenboden beim Umrühren als Spur sichtbar bleibt. Mus sofort randvoll in vorbereitete Twist-off-Gläser füllen und verschließen. Gläser 5 Minuten auf den Deckel stellen, umdrehen und abkühlen lassen.

Tipps   Das Zwetschgenmus besonders während der letzten 30 Minuten stets im Auge behalten: Es brennt schnell an!
Sie können das Zwetschgenmus auch im Topf auf dem Herd kochen. Leider brennt es hier schnell an, darum häufig umrühren.

Variante mit Pflaumen und Amaretto   Dieses Mus können Sie auf die gleiche Art mit Pflaumen zubereiten. Dann nur 400 Gramm Vollrohrzucker verwenden und nach dem Eindicken 125 Milliliter Amaretto unter das Mus mischen. Das Lebkuchengewürz weglassen.

Für 6 Gläser à 200 ml

2 kg Zwetschgen
5 EL Zitronensaft
500 g Vollrohrzucker
10 g Lebkuchengewürz

Zubereitungszeit:
ca. 3 Stunden 15 Minuten

Fruchtsaft selbst gemacht

Je weniger Wasser Sie zu den Früchten geben, desto intensiver ist das Aroma des Fruchtsafts. Den Fruchtbrei nur leicht ausdrücken, damit der Saft nicht trüb wird.

Die Früchte für Saft sollten gut ausgereift, jedoch nicht überreif sein. Bereiten Sie Saftflaschen genauso vor wie Gläser (siehe Seite 9). Wenn Sie gebrauchte Flaschen verwenden, reinigen Sie diese besonders gründlich mit einer Flaschenbürste mit heißem Wasser, Spülmittel und einem Schuss Essig. Saft mithilfe eines sauberen Trichters in eher nicht zu große Flaschen mit Twist-off-Deckel randvoll abfüllen. Selbst gekochten Fruchtsaft sollten Sie innerhalb eines Jahres verbrauchen. Angebrochene Flaschen kühl stellen und bald austrinken.

Purer Saftgenuss – die Abtropfmethode

Für kleine Mengen die einfachste Methode, Früchte zu entsaften: Vorbereitetes Obst wird zerdrückt (z. B. Beeren), entsteint (z. B. Kirschen) oder klein geschnitten (z. B. Äpfel), dann in einem mittelgroßen Topf mit wenig Wasser bei mittlerer Hitze weich gekocht. Abschließend muss der Fruchtbrei abtropfen. Hierzu eignet sich entweder ein angefeuchtetes Passiertuch (aus dem Haushaltsladen) oder eine frische Stoffwindel.

Der abgetropfte Saft eignet sich bestens für die Herstellung von Gelee und Sirup (siehe Seite 6of.). Wenn Sie Fruchtsaft konservieren wollen, geben Sie je Liter 50 bis 100 Gramm Zucker dazu, kochen den Saft offen zehn Minuten und füllen ihn kochend heiß randvoll in vorbereitete Flaschen (siehe nächste Seite).

Ein Tuch an den Beinen eines umgedrehten Hockers befestigen, ein Gefäß darunterstellen und den Saft über Nacht abtropfen lassen.

Mit Volldampf zur großen Ausbeute

Eine andere Methode ist die Saftgewinnung mit Wasserdampf: Durch heißen Dampf platzen die Zellwände von Beeren und Fruchtstücken, und der austretende Saft wird aufgefangen. Hierbei ist die Saftausbeute sehr groß, weil die Früchte vollständig ausgelaugt werden.
Bis zu einem Kilogramm Frucht leistet ein **Dampfdrucktopf** (ab 4,5 Liter

Fassungsvermögen) gute Dienste. Für die Dampfentwicklung geben Sie etwas Wasser in den Topf. Darauf stellen Sie den ungelochten und hierauf den gelochten Einsatz mit den vorbereiteten Früchten und geben den Zucker darauf (siehe Tabelle unten). Hinweis: Kirschen müssen nicht entsteint werden. Stiele von Sauerkirschen, Weintrauben und Holunderbeeren sollten Sie entfernen. Abschließend wird das Obst entsprechend der Gebrauchsanleitung des Topfherstellers entsaftet. Nach dem Abdampfen den aufgefangenen Saft aufkochen und sofort in die vorbereiteten Flaschen abfüllen.

Bei großen Fruchtmengen (z. B. aus dem Garten) lohnt sich ein **Dampfentsafter** mit fest schließendem Deckel. Diesen gibt es als mehrteiligen Spezialtopf für den Herd oder als Einzelgerät. Auch hier werden die Früchte zusammen mit Zucker verarbeitet. Vorteil: Der entstandene Saft kann sofort abgezapft und in vorbereitete Flaschen abgefüllt werden.

Damit der gesamte Saft die gleiche Konzentration hat, zapfen Sie kurz vor Beendigung des Dampfentsaftens 1/2 Liter Saft ab und gießen ihn gleichmäßig über die Früchte.

Beim Dampfentsaften können Sie den Saft während des Entsaftens würzen. Geben Sie z. B. das ausgeschabte Mark von 1 Vanilleschote oder unbehandelte Zitronen- bzw. Orangenschale zwischen die Früchte.

Zuckerzugabe und Entsaftungszeit beim Dampfentsaften

Fruchtart	Zuckerzugabe je 1 kg Frucht	Entsaftungszeit im Dampfentsafter
Äpfel, Birnen	50 g	60–75 Min.
Erdbeeren, Himbeeren, Süßkirschen, Zwetschgen	50 g	30–45 Min.
Brombeeren, Heidelbeeren, Holunderbeeren, Pflaumen, Sauerkirschen	100 g	30–45 Min.
Stachelbeeren, Quitten	100 g	60 Min.
Johannisbeeren (rot, schwarz, weiß)	150–200 g	45–60 Min.
Rhabarber	200 g	30–45 Min.

Hinweis Die Saftausbeute kann wegen des unterschiedlichen Wassergehalts der Früchte variieren. Daher finden Sie hier keine genauen Rezeptangaben.

Vorbereitete Saftflaschen immer in eine Schüssel mit warmem Wasser stellen, damit sie beim Befüllen nicht platzen.

Gelees & Curds

Saft ins Glas? Das kann jeder, aber Saft aufs Brot?
Klarer Vorteil für eifrige Geleeköche! Fangen
Sie die Fruchtaromen des Sommers ein und
entsaften Sie erntefrisches Obst und reife Beeren.
Daraus kochen Sie transparente Fruchtaufstriche,
die auch im Winter die Sommersonne auf
dem Frühstücksbrötchen strahlen lassen. Oder
entdecken Sie bei fruchtig-buttrigen Curds mit
Familie und Freunden einen Obstgenuss der
besonderen Art.

Apfelgelee *mit Pfefferminze*

Für 5 Gläser à 200 ml

2 kg Äpfel
1 Päckchen Zitronensäure (5 g)
6 Stiele Pfefferminze
500 g Gelierzucker 2 : 1

***Zubereitungszeit: ca. 1 Stunde
(plus Abtropfzeit)***

ZUBEREITUNG

1 Äpfel waschen und ungeschält in grobe Stücke schneiden, Blüten- und Stielansätze dabei entfernen. Äpfel und Zitronensäure mit 500 Millilitern Wasser in einen großen Topf geben. Zugedeckt aufkochen, bei milder Hitze 45 Minuten kochen lassen.

2 Ein grobes Sieb über einer Schüssel mit einem feuchten Mulltuch auslegen, die Fruchtmischung in das Tuch gießen (siehe auch Seite 38). Mindestens 3 Stunden, besser über Nacht, abtropfen lassen, nur leicht ausdrücken.

3 Minzeblättchen abzupfen, waschen und trockentupfen, fein hacken. 800 Milliliter Apfelsaft abmessen. Saft und Gelierzucker in einem großen Topf mischen. Bei starker Hitze unter Rühren aufkochen und 4 Minuten sprudelnd kochen lassen. Eine Gelierprobe machen und das Gelee abschäumen (siehe Seite 10). Minze unterrühren. Apfelgelee sofort randvoll in vorbereitete Twist-off-Gläser füllen und verschließen. Gläser 5 Minuten auf den Deckel stellen, umdrehen und abkühlen lassen. Die Gläser während des Abkühlens gelegentlich umdrehen, damit sich die Minzeblättchen gleichmäßig im Gelee verteilen. Apfelgelee mindestens 1 Woche durchziehen lassen.

Tipp Im Spätsommer bekommen Sie auf Märkten gelegentlich preiswerte Falläpfel. Sie eignen sich sehr gut für Gelees. Kaufen Sie besser etwas mehr als angegeben und schneiden Sie die Druckstellen großzügig heraus.

Variante mit Agavendicksaft Dieses Gelee schmeckt besonders fruchtig, wenn Sie den Gelierzucker durch 500 Gramm Agavendicksaft (aus dem Naturkostladen) ersetzen. Diesen mit dem Saft und 1 Päckchen Gelierpulver 2 : 1 (25 Gramm) verrühren und wie oben beschrieben kochen.

Varianten mit Fruchtsaft Mit dem wie oben beschrieben gewonnenen Apfelsaft können Sie verschiedene Fruchtgelees zubereiten. Verwenden Sie hierfür 600 Milliliter Apfelsaft plus 200 Milliliter Kirsch-, Brombeer-, Johannisbeer- oder Holundersaft.

Das Foto zu diesem Rezept finden Sie auf Seite 40.

Weißes Johannisbeergelee

ZUBEREITUNG

1 Johannisbeeren kurz waschen, abtropfen lassen, von den Rispen streifen. Mit 200 Millilitern Wasser zugedeckt aufkochen, bei mittlerer Hitze 5 Minuten kochen lassen. Mit einer Gabel oder einem Kartoffelstampfer zerdrücken und bei mittlerer Hitze weitere 5 Minuten kochen.

2 Ein grobes Sieb über einer Schüssel mit einem feuchten Mulltuch auslegen, die Fruchtmischung in das Tuch gießen (siehe auch Seite 38). Mindestens 2 Stunden, besser über Nacht, abtropfen lassen, nur leicht ausdrücken.

3 Melisseblättchen kurz abwaschen und gut trockentupfen. 500 Milliliter Johannisbeersaft abmessen. Mit Prosecco und Gelierzucker in einem großen Topf mischen. Mischung bei starker Hitze unter Rühren aufkochen, 3 Minuten sprudelnd kochen lassen. Eine Gelierprobe machen, das Gelee eventuell abschäumen (siehe Seite 10). Gelee und Melisseblättchen sofort randvoll in vorbereitete Twist-off-Gläser füllen und verschließen. Gläser 5 Minuten auf den Deckel stellen, umdrehen und abkühlen lassen. Die Gläser während des Abkühlens gelegentlich umdrehen, damit sich die Melisseblättchen gleichmäßig im Gelee verteilen.

Variante mit schwarzen Johannisbeeren Weiße Johannisbeeren durch schwarze ersetzen und entsaften. Prosecco und Zitronenmelisse durch 200 Gramm Maracujamark ersetzen. Dafür 8 Maracujas (Passionsfrüchte) à ca. 60 Gramm halbieren, Saft, Fruchtfleisch und Kerne mit einem Teelöffel herauskratzen. Mit einem Schneidstab 30 Sekunden pürieren und durch ein feines Sieb streichen. Wie oben beschrieben weiterverfahren.

Variante mit roten Beeren Je 500 Gramm rote Johannis- und Himbeeren mit 200 Millilitern Wasser wie oben beschrieben kochen und abtropfen lassen. Mit dem ausgekratzten Mark von 1 Vanilleschote und Prosecco wie oben beschrieben kochen. Zitronenmelisse weglassen.

Für 4 Gläser à 200 ml

1 kg weiße Johannisbeeren
24 Zitronenmelisseblättchen
200 ml Prosecco
500 g Gelierzucker 2 : 1

Zubereitungszeit: ca. 30 Minuten (plus Abtropfzeit)

Das Foto zu diesem Rezept finden Sie auf Seite 40.

Brombeergelee mit Roter Bete und Portwein

Für 4 Gläser à 200 ml

800 g Brombeeren
400 ml Rote-Bete-Saft
100 ml roter Portwein
500 g brauner Zucker
1 Päckchen Gelierpulver 2 : 1 (25 g)
1 Päckchen Zitronensäure (5 g)

Zubereitungszeit: ca. 45 Minuten (plus Abtropfzeit)

ZUBEREITUNG

1 Brombeeren verlesen und in einen Topf geben. Mit 100 Millilitern Wasser zugedeckt aufkochen, bei mittlerer Hitze 5 Minuten kochen lassen. Beeren mit einer Gabel oder einem Kartoffelstampfer zerdrücken und bei mittlerer Hitze weitere 5 Minuten kochen.

2 Ein grobes Sieb über einer Schüssel mit einem feuchten Mulltuch auslegen, die Fruchtmischung in das Tuch gießen (siehe auch Seite 38). Mindestens 2 Stunden, besser über Nacht, abtropfen lassen, nur leicht ausdrücken.

3 Rote-Bete-Saft in einem großen Topf aufkochen, offen bei starker Hitze auf die Hälfte einkochen lassen, 200 Milliliter Rote-Bete- und 450 Milliliter Brombeersaft abmessen, mit dem Portwein in den Topf geben. Zucker, Gelierpulver und Zitronensäure mischen und unterrühren.

4 Saft-Zucker-Mischung bei starker Hitze unter Rühren aufkochen, 3 Minuten sprudelnd kochen lassen. Eine Gelierprobe machen und das Gelee abschäumen (siehe Seite 10).

5 Gelee sofort randvoll in vorbereitete Twist-off-Gläser füllen und verschließen. Gläser 5 Minuten auf den Deckel stellen, umdrehen und abkühlen lassen.

Blaues Traubengelee
mit Rosmarin

ZUBEREITUNG

1 Trauben waschen, abtropfen lassen, von den Stielen zupfen und in einen Topf geben. Mit 100 Millilitern Wasser zugedeckt aufkochen, bei mittlerer Hitze 5 Minuten kochen lassen. Mit einer Gabel oder einem Kartoffelstampfer zerdrücken und weitere 10 Minuten kochen.

2 Rosmarinzweige in eine Schüssel geben. Ein grobes Sieb über der Schüssel mit einem feuchten Mulltuch auslegen, die Fruchtmischung in das Tuch gießen (siehe auch Seite 38). Mindestens 2 Stunden, besser über Nacht, abtropfen lassen, nur leicht ausdrücken.

3 Rosmarin entfernen. 650 Milliliter Saft abmessen, mit Zitronensaft und Gelierzucker in einem großen Topf mischen. Bei starker Hitze unter Rühren aufkochen, 3 Minuten sprudelnd kochen lassen. Eine Gelierprobe machen und das Gelee abschäumen (siehe Seite 10). Sofort randvoll in vorbereitete Twist-off-Gläser füllen und verschließen. Gläser 5 Minuten auf den Deckel stellen, umdrehen und abkühlen lassen.

Tipp Frisch gepressten Zitronensaft am besten durch ein feines Sieb zum Traubensaft geben, damit das Gelee schön klar bleibt.

Variante mit hellen Trauben und Grappasultaninen 1 Kilogramm helle Trauben statt mit Wasser mit 100 Millilitern klarem Apfelsaft wie oben beschrieben kochen. In der Abtropfzeit 50 Gramm Sultaninen in 5 Esslöffeln Grappa einweichen. Wie oben beschrieben weiterverfahren; vor dem Abfüllen des Gelees die Grappasultaninen auf die vorbereiteten Gläser verteilen.

Für 4 Gläser à 200 ml

1,25 kg blaue Weintrauben
4 Zweige Rosmarin
100 ml Zitronensaft
500 g Gelierzucker 2:1

Zubereitungszeit: ca. 30 Minuten (plus Abtropfzeit)

Cranberry-Apfel-Gelee
mit Rotwein und Gewürzen

Für 5 Gläser à 200 ml

500 g Cranberrys (evtl. TK-Ware)
1,2 kg Äpfel
250 ml trockener Rotwein
4 Zimtstangen
12 Nelken
10 Sternanise
600 g Einmach- oder
Haushaltszucker

*Zubereitungszeit:
ca. 1 Stunde 30 Minuten
(plus Abtropfzeit)*

ZUBEREITUNG

1 Cranberrys verlesen. Äpfel waschen und ungeschält in grobe Stücke schneiden, Blüten- und Stielansätze dabei entfernen. Cranberrys, Äpfel, Rotwein, Zimtstangen, Nelken und 5 Sternanise in einen großen Topf geben. 700 Milliliter Wasser zugeben und zugedeckt aufkochen. Bei milder Hitze 45 Minuten köcheln lassen.

2 Ein grobes Sieb über einer Schüssel mit einem feuchten Mulltuch auslegen, die Fruchtmischung in das Tuch gießen und über Nacht abtropfen lassen, nur leicht ausdrücken (siehe auch Seite 38).

3 900 Milliliter Saft abmessen und mit dem Zucker in einem großen Topf mischen. Bei starker Hitze unter Rühren aufkochen, mindestens 15 Minuten sprudelnd kochen lassen. Eine Gelierprobe machen und das Gelee abschäumen (siehe Seite 10).

4 Restliche Sternanise in die vorbereiteten Twist-off-Gläser verteilen, Gelee sofort randvoll in die Gläser füllen und verschließen. Gläser 5 Minuten auf den Deckel stellen, umdrehen und abkühlen lassen. Die Gläser während des Abkühlens gelegentlich umdrehen, damit sich die Sternanise im Gelee verteilen.

Tipp Im Gewürzhandel finden Sie getrocknete Zimtblüten, die dem Gelee ein zartes Zimtaroma verleihen. Ersetzen Sie die Zimtstangen durch 1 Esslöffel Zimtblüten.

Erdbeer-Rhabarber-Gelee
mit Duftgeranie

Für 5 Gläser à 200 ml

1 kg Erdbeeren
500 g Rhabarber
25 Duftgeranienblätter
(unbehandelt; siehe Tipp)
500 g Gelierzucker 2:1
1 Päckchen Zitronensäure (5 g)

Zubereitungszeit: ca. 40 Minuten
(plus Abtropfzeit)

ZUBEREITUNG

1 Erdbeeren verlesen, kurz waschen, abtropfen lassen, putzen, vierteln und in einem großen Topf mit einer Gabel oder einem Kartoffelstampfer grob zerdrücken. Rhabarber waschen, putzen und klein schneiden. Erdbeeren, Rhabarber und 200 Milliliter Wasser zugedeckt aufkochen, bei mittlerer Hitze 15 Minuten kochen. Ein grobes Sieb über einer Schüssel mit einem feuchten Mulltuch auslegen und die Fruchtmischung in das Tuch gießen (siehe auch Seite 38). Mindestens 2 Stunden, besser über Nacht, abtropfen lassen, nur leicht ausdrücken.

2 Geranienblätter kurz waschen und trockentupfen. 750 Milliliter Saft abmessen, mit Gelierzucker und Zitronensäure in einem großen Topf bei starker Hitze unter Rühren aufkochen und 3 Minuten sprudelnd kochen lassen. Eine Gelierprobe machen und das Gelee abschäumen (siehe Seite 10).

3 Geranienblätter und Gelee sofort randvoll in vorbereitete Twist-off-Gläser füllen und verschließen. Gläser 5 Minuten auf den Deckel stellen, umdrehen und abkühlen lassen. Die Gläser während des Abkühlens gelegentlich umdrehen, damit sich die Geranienblätter im Gelee verteilen.

Tipp Duftgeranien bekommen Sie im Sommer in Gärtnereien oder auf Wochenmärkten.

Variante mit Orangenlikör Geben Sie diesem Gelee ein leichtes Orangenaroma, indem Sie nach dem Abschäumen 4 Esslöffel Orangenlikör unter das Gelee rühren. Die Duftgeranienblätter dann weglassen.

Das Foto zu diesem Rezept finden Sie auf Seite 2 rechts.

Holunder-Apfel-Gelee
mit Kardamom

ZUBEREITUNG

1 Holunderbeeren waschen, abtropfen lassen, von den Dolden streifen (siehe Tipp Seite 72). Beeren und Apfelsaft in einen großen Topf geben, zugedeckt aufkochen, bei mittlerer Hitze 5 Minuten kochen lassen. Inzwischen die Kardamomkapseln im Mörser grob zerstoßen. Holunder mit einer Gabel oder einem Kartoffelstampfer zerdrücken, mit dem Kardamom bei mittlerer Hitze weitere 5 Minuten kochen.

2 Ein grobes Sieb über einer Schüssel mit einem feuchten Mulltuch auslegen, die Fruchtmischung in das Tuch gießen (siehe auch Seite 38). Mindestens 2 Stunden, besser über Nacht, abtropfen lassen, nur leicht ausdrücken.

3 750 Milliliter Saft abmessen. Mit Zitronensäure und Gelierzucker in einem großen Topf bei starker Hitze unter Rühren aufkochen, 3 Minuten sprudelnd kochen lassen. Eine Gelierprobe machen und das Gelee abschäumen (siehe Seite 10). Sofort randvoll in vorbereitete Twist-off-Gläser füllen und verschließen. Gläser 5 Minuten auf den Deckel stellen, umdrehen und abkühlen lassen.

Tipp Machen Sie doch einmal leckeren Holunderlikör: Beeren aus dem Abtropftuch mit 1 Flasche Doppelkorn (0,7 Liter) in einen Topf geben und zugedeckt 24 Stunden ziehen lassen. Durch ein feines Sieb gießen und mit 300 Gramm Kandiszucker in ein großes Glas mit Deckel geben. An einem dunklen Ort so lange unbewegt durchziehen lassen, bis sich der Kandiszucker aufgelöst hat. Likör anschließend in saubere Flaschen füllen und verschließen. Das Aroma wird bei weiterer Lagerung noch besser.

Für 5 Gläser à 200 ml

1 kg Holunderbeerdolden
250 ml Apfelsaft
10 Kardamomkapseln
1 Päckchen Zitronensäure (5 g)
500 g Gelierzucker 2:1

Zubereitungszeit: ca. 45 Minuten (plus Abtropfzeit)

Bayerisches Weißbiergelee

Für 4 Gläser à 200 ml

500 g Zucker
1 Päckchen Gelierpulver 2:1 (25 g)
5 EL Zitronensaft
700 ml Weißbier (kristallklar)

Zubereitungszeit: ca. 30 Minuten

ZUBEREITUNG

1 Zucker und Gelierpulver in einem großen Topf mischen. Zitronensaft und Bier zugeben. Bei starker Hitze unter Rühren aufkochen (Vorsicht: Es schäumt stark; nicht zu kräftig rühren!), 3 Minuten sprudelnd kochen lassen, eine Gelierprobe machen und das Gelee eventuell abschäumen (siehe Seite 10).

2 Gelee sofort in vorbereitete Twist-off-Gläser füllen und verschließen. Gläser 5 Minuten auf den Deckel stellen, umdrehen, abkühlen lassen.

Glühweingelee mit Orange

Für 4 Gläser à 200 ml

500 ml trockener Rotwein
2 Beutel Glühweingewürz
(für je 0,7 l)
200 ml frisch gepresster Orangensaft
Schale von 1/2 Bioorange, dünn abgeschält in kurzen Streifen
500 g brauner Zucker
1 Päckchen Gelierpulver 2:1 (25 g)
1 Päckchen Zitronensäure (5 g)

Zubereitungszeit: ca. 30 Minuten

ZUBEREITUNG

1 Wein und Glühweingewürz in einem großen Topf aufkochen, 20 Minuten bei milder Hitze ziehen lassen. Orangensaft und -schale aufkochen, bei milder Hitze 3 Minuten kochen lassen. Gewürzbeutel über dem Wein ausdrücken, Orangensaft durch ein Sieb zugeben. Orangenschalen in die vorbereiteten Twist-off-Gläser verteilen.

2 Zucker, Gelierpulver und Zitronensäure mischen, mit dem Glühwein verrühren. Bei starker Hitze unter Rühren aufkochen, 3 Minuten sprudelnd kochen lassen. Eine Gelierprobe machen und das Gelee eventuell abschäumen (siehe Seite 10), sofort randvoll in die Gläser füllen und verschließen. Gläser 5 Minuten auf den Deckel stellen; während des Abkühlens gelegentlich umdrehen, damit sich die Orangenschale gleichmäßig verteilt.

Teegelee mit Kumquats

Für 5 Gläser à 200 ml

4 EL Earl-Grey-Tee (20 g)
120 g Kumquats (Miniorangen)
500 g Gelierzucker 2:1
1 Päckchen Zitronensäure (5 g)

Zubereitungszeit: ca. 30 Min.

ZUBEREITUNG

1 Die Teeblätter mit 900 Millilitern kochend heißem Wasser überbrühen. Tee 5 Minuten ziehen lassen und durch ein Sieb in einen großen Topf geben.

2 Kumquats waschen, abtrocknen und in 1/2 Zentimeter dicke Scheiben schneiden. Kerne dabei entfernen. Erst Gelierzucker und Zitronensäure, dann die Kumquatscheiben zum Tee geben. Bei starker Hitze unter Rühren aufkochen und 3 Minuten sprudelnd kochen lassen. Eine Gelierprobe machen und das Gelee eventuell abschäumen (siehe Seite 10).

3 Teegelee sofort randvoll in vorbereitete Twist-off-Gläser füllen und verschließen. Die Gläser 5 Minuten auf den Deckel stellen, umdrehen und abkühlen lassen. Gläser während des Abkühlens gelegentlich umdrehen, damit sich die Kumquatscheiben im Gelee gleichmäßig verteilen.

Variante mit Rauchtee Im Teefachgeschäft bekommen Sie russischen Karawanentee oder Lapsang-Souchong-Tee aus China. Diese Blatttees werden im Rauch traditioneller Hölzer produziert und verleihen Ihrem Teegelee ein leicht herbes, rauchiges Aroma.

Variante Eisteegelee 1 Esslöffel Earl-Grey-Tee durch 2 Aufgussteebeutel Pfefferminze ersetzen. Dünn abgeschälte Schale von 1 Biozitrone (in kurzen Streifen) in 100 Millilitern Zitronensaft (frisch gepresst) aufkochen und bei milder Hitze 3 Minuten köcheln lassen. Zitronensaft durch ein Sieb zum fertigen Tee geben, Zitronenschale in die vorbereiteten Twist-off-Gläser verteilen. Gelee wie oben beschrieben kochen. Kumquats in diesem Fall weglassen.

Himbeer-Curd *mit Limette*

ZUBEREITUNG

1 Himbeeren verlesen, mit Limettensaft und -schale pürieren. 200 Gramm Fruchtpüree abmessen. Mit Vanillezucker, Zucker und Butter in eine Metallschüssel geben, über einem heißen Wasserbad (siehe Hinweise) unter gelegentlichem Rühren erhitzen, bis sich Zucker und Butter aufgelöst haben.

2 Twist-off-Gläser ohne Deckel auf dem Rost in der Backofenmitte bei 100 °C 15 Minuten erwärmen. Die Gläser im ausgeschalteten Ofen ruhen lassen.

3 Inzwischen die Eier mit einem Schneebesen verquirlen und unter die Fruchtmasse rühren. Unter Rühren mit einem Kunststoffteigschaber erhitzen, bis die Masse cremig-dicklich wird; das dauert 30 bis 40 Minuten. Der Curd hat die richtige Konsistenz, wenn diese an leicht geschlagene Sahne erinnert. Er wird beim Abkühlen fester. Masse durch ein feines Sieb streichen und sofort randvoll in die vorbereiteten Gläser füllen, verschließen, abkühlen lassen und kalt stellen. Der cremige Brotaufstrich hält sich im Kühlschrank maximal 3 Monate.

Hinweis Die Zubereitung eines Curds ist einfach, erfordert aber Sorgfalt und Geduld. Damit das Ei in der Schüssel über dem Wasserbad nicht gerinnt, darf die Hitze nicht zu stark sein. Das Wasser sollte darum nicht sprudelnd kochen und die Schüssel keinen direkten Kontakt mit dem Wasser haben. Beim Rühren nicht die Geduld verlieren und auf gar keinen Fall das Wasser zum Kochen bringen. Erfahrene Köche bereiten ihren Curd in einem Topf unter Rühren bei milder Hitze direkt auf dem Herd zu – das dauert etwa 8 bis 10 Minuten.

Variante mit Pfirsich 1 reifen Pfirsich (ca. 150 Gramm) häuten, entsteinen, klein schneiden. Mit 100 Gramm verlesenen Himbeeren und den übrigen Zutaten pürieren. Mit 200 Gramm Fruchtpüree wie oben beschrieben weiterverfahren.

Für 3–4 Gläser à 200 ml

200 g Himbeeren
4 EL Limettensaft
1 TL fein abgeriebene Biolimettenschale
1 Päckchen Vanillezucker
180 g Zucker
175 g Butter in Stücken
3 frische Eier (Kl. L, zimmerwarm)

Zubereitungszeit: ca. 1 Stunde

Maracuja-Curd

Für 3–4 Gläser à 200 ml

10–12 Maracujas (Passionsfrüchte)
à ca. 60 g
175 g Zucker
175 g Butter in Stücken
3 frische Eier (Kl. L, zimmerwarm)

*Zubereitungszeit:
ca. 1 Stunde 15 Minuten*

ZUBEREITUNG

1 Maracujas halbieren, Saft, Fruchtfleisch und Kerne mit einem Teelöffel herauskratzen. Mit einem Schneidstab 30 Sekunden pürieren und durch ein feines Sieb streichen. Kerne beiseitestellen. 200 Gramm Maracujapüree abmessen. Mit Zucker und Butter in eine Metallschüssel geben und über einem heißen Wasserbad (siehe Hinweis Seite 57) unter gelegentlichem Rühren erhitzen, bis sich Zucker und Butter vollständig aufgelöst haben.

2 Twist-off-Gläser ohne Deckel auf dem Rost in der Backofenmitte bei 100 °C 15 Minuten erwärmen. Die Gläser im ausgeschalteten Ofen ruhen lassen.

3 Inzwischen die Eier mit einem Schneebesen verquirlen und unter die Fruchtmasse rühren. Unter Rühren mit einem Kunststoffteigschaber erhitzen, bis die Masse cremig-dicklich wird; das dauert 30 bis 40 Minuten. Der Curd hat die richtige Konsistenz, wenn diese an leicht geschlagene Sahne erinnert. Er wird beim Abkühlen fester.

4 Masse durch ein feines Sieb streichen, nach Belieben 2 bis 3 Teelöffel Maracujakerne unterrühren. Curd sofort randvoll in die vorbereiteten Gläser füllen, verschließen, abkühlen lassen und kalt stellen. Der cremige Brotaufstrich hält sich im Kühlschrank maximal 3 Monate.

Varianten mit Zitrusfrüchten Klassischerweise wird Curd mit Zitronensaft (und -schale) zubereitet, es eignen sich jedoch auch Orangen. Verwenden Sie für die Zitronenvariante 200 Milliliter Zitronensaft plus 3 Teelöffel fein abgeriebene Zitronenschale. Für die Orangenvariante füllen Sie 150 Milliliter Orangen- mit Zitronensaft auf 200 Milliliter auf und geben 2 Teelöffel fein abgeriebene Orangenschale dazu. In beiden Fällen das Maracujapüree weglassen und alles wie oben beschrieben kochen.

Sirup – konzentrierter Genuss

Fangen Sie die herrlichen Sommeraromen der Natur in einem fruchtigen Sirup ein! Den kochen Sie zur Hochsaison der Früchte und genießen ihn das ganze Jahr. Sirup können Sie zum Durstlöschen mit Mineralwasser oder als Aperitif mit Sekt auffüllen oder Bowlen damit aromatisieren. Oder Sie kochen Zuckersirup und legen darin Früchte für die kalten Tage ein.

Die süße Quintessenz der Frucht

Sirup unterscheidet sich von Saft durch den höheren Zuckergehalt. Die Zubereitung ist die gleiche. Auch hier sollten Sie die abgetropfte Fruchtmasse nicht ausdrücken, damit der Sirup klar bleibt. Vorbereitete Flaschen immer in eine Schüssel mit warmem Wasser stellen, damit sie beim Befüllen nicht platzen. Der Sirup hält sich ungeöffnet etwa ein Jahr. Angebrochene Flaschen kühl stellen und bald verbrauchen.

Holunderblütensirup (2 Liter) Etwa 20 Holunderblütendolden (im Mai/ Juni selbst gesammelt) vorsichtig ausschütteln, damit kleine Insekten herausfallen. **1 Biozitrone** und **2 Biolimetten** waschen und in dünne Scheiben schneiden. Zitrone, Limetten und Holunderblüten in eine saubere Schüssel geben. 1 Liter Wasser, **25 Gramm Zitronensäure** und **1 Kilogramm Zucker** aufkochen und so lange kochen lassen, bis sich der Zucker aufgelöst hat. Sirup über die Blüten geben. Zugedeckt an einem kühlen Ort 3 Tage ziehen lassen. Gelegentlich mit einem sauberen (!) Löffel umrühren. Sirup durch ein Mulltuch (siehe Seite 38) in einen Topf gießen und aufkochen, kochend heiß in vorbereitete Flaschen füllen und verschließen.

Variante Kräutersirup Statt Holunder können Sie jeweils 30 Gramm Blätter von Zitronenverbene, Zitronenmelisse oder Pfefferminze verwenden.

Orangen-Zitronen-Sirup (400 Milliliter) 2 große Bioorangen (500 Gramm) und **1 große Biozitrone** (120 Gramm) waschen, trocknen und in Scheiben schneiden. Mit 300 Millilitern Wasser in einen Topf geben. Zugedeckt aufkochen und bei mittlerer Hitze 15 Minuten kochen lassen. In einem feuchten Mulltuch (siehe Seite 38) mindestens 2 Stunden abtropfen lassen. Saft und **200 Gramm Zucker** langsam aufkochen, eventuell abschäumen, kochend heiß in vorbereitete Flaschen füllen und verschließen.

Granatapfelsirup mit Orangenblütenwasser (400 Milliliter) Kerne von **3 Granatäpfeln** (à 350 Gramm) auslösen und in einen Topf geben. 300 Milliliter Wasser zugeben, zugedeckt aufkochen, bei mittlerer Hitze 5 Minuten kochen lassen. Mit einem Kartoffelstampfer zerdrücken, weitere 5 Minuten kochen lassen. In einem feuchten Mulltuch (siehe Seite 38) mindestens 2 Stunden abtropfen lassen. Saft und **200 Gramm Zucker** aufkochen, 3 Esslöffel Orangenblütenwasser unterrühren. Sirup eventuell abschäumen, kochend heiß in vorbereitete Flaschen füllen und verschließen.

Früchte in Sirup

Grundrezept Vorbereitete Gläser (siehe Seite 9) auf dem Rost im 80 °C heißen Backofen (Umluft nicht empfehlenswert) vorwärmen. **150 Gramm Zucker**, **1 Teelöffel Zitronensäure** und 1 Liter Wasser aufkochen und so lange kochen lassen, bis sich der Zucker aufgelöst hat. Früchte portionsweise im Zuckersirup knapp gar kochen. Mit einem Schaumlöffel herausheben und in die Gläser verteilen. Gläser sofort wieder in den Ofen stellen. Zuckersirup erneut aufkochen, kochend heiß nacheinander (!) randvoll in die Gläser geben und verschließen. Gläser 5 Minuten auf den Deckel stellen, umdrehen und abkühlen lassen.

Zwetschgen in Rosensirup (3 Gläser à 750 Milliliter) 2 Kilogramm **Zwetschgen** einschneiden und portionsweise 1 Minute in kochendem Wasser blanchieren, kalt abschrecken und häuten. Portionsweise im Sirup 30 Sekunden kochen. Mit **18 Aromarosenblüten** (beim Obst- und Gemüsehändler bestellen) in die Gläser geben. **3 Esslöffel Rosenwasser** zum Sirup geben. Wie oben beschrieben weiterverfahren. (Foto zum Rezept unten rechts.)

Pfirsiche in Zitronenverbenensirup (3 Gläser à 750 Milliliter) **15 reife Pfirsiche** (à 150 Gramm) halbieren und entsteinen. Portionsweise in kochendem Wasser 30 Sekunden blanchieren, kalt abschrecken und häuten. **10 Stiele Zitronenverbene** mit Küchengarn zusammenbinden und im Sirup (nach Grundrezept) mitkochen. Pfirsiche portionsweise 3 Minuten im Sirup kochen. Wie links beschrieben weiterverfahren.

Feigen in Sherrysirup (3 Gläser à 750 Milliliter) **24 reife Feigen** (à 60 Gramm) häuten. Einen Sirup aus **300 Millilitern Sherry Amontillado, 700 Millilitern Wasser, 150 g Zucker, 9 Sternanisen** und **3 Zimtstangen** kochen. Feigen portionsweise 3 bis 4 Minuten im Sirup kochen. Wie oben beschrieben weiterverfahren, Gewürze mit in die Gläser geben.

Pikant Eingekochtes

Toll kombiniert! Hier ergänzen sich Obst und Gemüse in pikant Eingemachtem ganz vorzüglich. Und das sorgt für ungeahnt herzhaft-fruchtige Augenblicke bei Tisch. Mit würzigem Kirschketchup oder fruchtigem Tomatenketchup stehen Ihre knusprigen Kartoffelecken aus dem Ofen gleich ganz anders da. Und mit selbst gekochten Relishes wird die nächste Grillparty zum Sommerhit der Gartensaison. Die aromatischen Chutneys aus Ihrer Sonnenküche lassen auch in dunklen Jahreszeiten beste Erinnerungen an den geliebten Sommer aufkommen.

Fruchtiger Tomatenketchup

Für 7 Flaschen à 250 ml

2 kg sehr reife Tomaten
(siehe Tipps)
200 g getrocknete Softaprikosen
400 g rote Zwiebeln
5 Knoblauchzehen
5 EL Olivenöl
1 TL schwarze Pfefferkörner
1 EL Koriandersaat
1 TL Selleriesamen
(aus dem Gewürzladen)
4 getrocknete Lorbeerblätter
1 Zimtstange
12 Nelken
200 ml Apfelessig
100 g Vollrohrzucker
2 TL Salz

Zubereitungszeit: ca. 2 Stunden

ZUBEREITUNG

1 Tomaten waschen und grob würfeln, Stielansätze dabei entfernen. Aprikosen in kleine Würfel schneiden. Zwiebeln und Knoblauch abziehen. Zwiebeln klein würfeln, Knoblauch hacken. Öl in einem weiten Topf erhitzen, Zwiebeln darin bei milder Hitze zugedeckt 5 Minuten glasig dünsten. Knoblauch unterrühren. Alles zugedeckt weitere 5 Minuten unter Rühren dünsten.

2 Inzwischen Pfeffer, Koriander und Selleriesamen im Mörser grob zerstoßen und in einen Einmalteebeutel geben. Lorbeerblätter zerbröseln, Zimtstange in 2 bis 3 Stücke brechen. Lorbeer, Zimt und Nelken in den Beutel geben und diesen mit Küchengarn zubinden.

3 Tomaten und Aprikosen mit den Knoblauch-Zwiebeln mischen. Essig und Zucker unterrühren und alles zugedeckt bei starker Hitze aufkochen. Salz und den Gewürzbeutel zugeben und alles offen unter gelegentlichem Rühren bei mittlerer Hitze 1 Stunde kochen.

4 Gewürzbeutel über der Tomatenmasse gut ausdrücken und wegwerfen. Tomatenmasse mit einem Schneidstab pürieren und durch ein feines Sieb in eine Schüssel streichen. Ketchup zurück in den Topf geben und unter Rühren aufkochen. Sofort randvoll in vorbereitete Twist-off-Flaschen füllen, verschließen und abkühlen lassen.

Tipps Meist ist der selbst gemachte Ketchup dünnflüssiger als gekaufter. Wenn Ihnen die Konsistenz nach dem Passieren nicht zusagt, können Sie den Ketchup bei starker Hitze unter Rühren weiter einkochen lassen.
Wenn Sie keine Selleriesamen bekommen, können Sie ein paar Blattstiele von einem Knollensellerie zusammenbinden und mitkochen. Diese vor dem Passieren aus der Tomatenmasse nehmen.
Im Sommer werden auf Märkten oft preiswerte Suppentomaten verschiedener Größe angeboten. Diese sind genau die richtigen für Ketchup, da sie meist überreif sind.

Das Foto zu diesem Rezept finden Sie auf Seite 62.

Kürbis-Chutney
mit Äpfeln und Tomaten

ZUBEREITUNG

1 Kürbis der Länge nach halbieren. Weiches Inneres und Kerne mit einem Esslöffel entfernen. Kürbis schälen und 750 Gramm Fruchtfleisch in 1 Zentimeter große Würfel schneiden. Äpfel schälen, vierteln, entkernen und ebenso würfeln. Tomaten waschen und 2 Zentimeter groß würfeln, Stielansätze dabei entfernen. Schalotten abziehen und fein würfeln. Ingwer dünn schälen und fein reiben oder hacken. Kürbis, Äpfel, Tomaten, Schalotten und Ingwer in einen weiten Topf geben.

2 Aceto balsamico, Zucker und Salz unterrühren. Mangos fein würfeln, Cranberrys hacken. Pfeffer und Piment im Mörser fein zerstoßen. Chutney-Masse bei mittlerer Hitze unter Rühren offen aufkochen. Mangos, Cranberrys, Pfeffer, Piment und Muskatnuss unter die Masse rühren.

3 Bei milder Hitze unter häufigem (!) Rühren 30 bis 40 Minuten kochen lassen. Das Chutney hat die richtige Konsistenz, wenn der Topfboden beim Umrühren für einen kurzen Moment als Spur sichtbar bleibt.

4 Chutney sofort randvoll in vorbereitete Twist-off-Gläser füllen und verschließen. Gläser 5 Minuten auf den Deckel stellen, umdrehen und abkühlen lassen.

Tipps Für Ihr Kürbis-Chutney können Sie den Butternusskürbis auch durch eine andere Kürbissorte, z. B. Muskatkürbis oder Hokkaido, ersetzen. Das Kürbis-Chutney schmeckt besonders zu allen gebratenen Fleischsorten. Das fruchtig-scharfe Aroma passt aber auch sehr gut zu gebratenen oder gegrillten Garnelen.

Für 8 Gläser à 200 ml

1 Butternusskürbis (ca. 950 g)
2 Äpfel (ca. 300 g)
250 g Tomaten
100 g Schalotten
40 g frische Ingwerwurzel
500 ml weißer Aceto balsamico
250 g Zucker
2 TL Salz
50 g getrocknete Mangos
50 g getrocknete Cranberrys
1 TL schwarze Pfefferkörner
8 Pimentkörner
1/2 TL frisch geriebene Muskatnuss

Zubereitungszeit:
ca. 1 Stunde 30 Minuten

Das Foto zu diesem Rezept finden Sie auf Seite 62.

65

Johannisbeer-Relish
mit Lebkuchengewürz

Für 4 Gläser à 200 ml

500 g rote Johannisbeeren
2 rote Paprikaschoten (300 g)
2 rote Chilischoten
250 g rote Zwiebeln
3–4 Knoblauchzehen
3 EL Öl
350 ml Rotweinessig
500 g Agavendicksaft
(aus dem Naturkostladen)
1 TL Salz
2 TL Lebkuchengewürz

Zubereitungszeit:
ca. 1 Stunde 30 Minuten

ZUBEREITUNG

1 Johannisbeeren kurz waschen, abtropfen lassen und von den Rispen streifen. Paprika putzen, vierteln und entkernen. Viertel quer in 1/2 Zentimeter dünne Streifen schneiden. Chilischoten längs halbieren, entkernen und quer in feine Streifen schneiden. Zwiebeln und Knoblauch abziehen. Zwiebeln längs halbieren und quer in 1/2 Zentimeter dicke Halbringe schneiden. Knoblauch fein hacken.

2 Das Öl in einem weiten Topf erhitzen, Zwiebeln und Paprika darin bei milder Hitze glasig braten. Knoblauch und Chili kurz mitbraten. 200 Milliliter Essig zugeben, offen aufkochen und 3 Minuten kochen lassen. 150 Milliliter Essig, Agavendicksaft, Salz und Lebkuchengewürz unterrühren.

3 Relish-Masse bei mittlerer Hitze unter Rühren offen aufkochen und unter gelegentlichem Rühren 5 bis 10 Minuten kochen lassen, bis die Masse beginnt, dicker zu werden. Johannisbeeren zugeben, offen aufkochen und unter gelegentlichem Rühren weitere 5 bis 10 Minuten kochen, bis die Johannisbeeren geplatzt sind. Das Relish soll eine saucenartige Konsistenz haben.

4 Relish sofort randvoll in vorbereitete Twist-off-Gläser füllen und verschließen. Gläser 5 Minuten auf den Deckel stellen, umdrehen und abkühlen lassen.

Tipp Den Agavendicksaft können Sie durch Honig oder 400 Gramm (braunen) Zucker ersetzen.

Heidelbeer-Trauben-Relish mit Rosmarin

ZUBEREITUNG

1 Heidelbeeren verlesen, kurz waschen und abtropfen lassen. Trauben waschen, abtropfen lassen und je nach Größe halbieren oder vierteln. Zwiebeln abziehen, längs halbieren und quer in dünne Halbringe schneiden. Knoblauch abziehen und fein hacken. Chilischoten längs halbieren, entkernen und fein hacken. Rosmarinzweige mit Küchengarn zusammenbinden.

2 Öl in einem weiten Topf erhitzen, Zwiebeln darin bei milder Hitze glasig braten. Knoblauch und Chili kurz mitbraten. Aceto balsamico, Heidelbeeren, Trauben, Rosmarin, Zucker und Salz zugeben. Süßholzpulver unterrühren.

3 Relish-Masse bei mittlerer Hitze unter Rühren offen aufkochen und unter gelegentlichem Rühren 10 Minuten kochen lassen. Alles mit einem Kartoffelstampfer zerdrücken und weitere 5 bis 10 Minuten kochen. Das Relish soll eine saucenartige Konsistenz haben.

4 Rosmarin entfernen, das Relish sofort randvoll in vorbereitete Twist-off-Gläser füllen und verschließen. Gläser 5 Minuten auf den Deckel stellen, umdrehen und abkühlen lassen.

Tipp Das würzig-fruchtige Relish ist eine feine Ergänzung zu Käse; besonders gut schmeckt es auf mit Ziegenfrischkäse bestrichenem geröstetem Brot.

Für 4 Gläser à 200 ml

300 g Kulturheidelbeeren
200 g kernlose blaue Trauben
120 g rote Zwiebeln
2 Knoblauchzehen
1–2 rote Chilischoten
4 Zweige Rosmarin
2 EL Öl
100 ml Aceto balsamico
120 g brauner Zucker
1 TL Salz
1/2 TL Süßholzpulver
(aus dem Gewürzladen;
alternativ: Sternanispulver)

Zubereitungszeit: ca. 1 Stunde

Mango-Chutney mit Äpfeln

Für 5 Gläser à 200 ml

2 reife Mangos (ca. 750 g)
100 g Zwiebeln
25 g frische Ingwerwurzel
400 g Äpfel
8 Kardamomkapseln
1 Zimtstange (ca. 3 cm lang)
je 1/2 TL Kreuzkümmel- und Koriandersaat
2 EL Öl
1/2 TL Schwarzkümmelsaat (Nigella; nach Belieben)
1 TL Kurkumapulver
1 rote Chilischote
300 g Zucker
1 TL Salz
300 ml Weißweinessig

Zubereitungszeit: ca. 2 Stunden

ZUBEREITUNG

1 Mangos schälen, das Fruchtfleisch vom Stein schneiden, in 1 Zentimeter kleine Würfel schneiden. Abgedeckt beiseitestellen. Zwiebeln abziehen, längs halbieren und quer in 1/2 Zentimeter dicke Halbringe schneiden. Ingwer dünn schälen und fein würfeln oder hacken. Äpfel schälen, vierteln, entkernen und in 1 Zentimeter kleine Würfel schneiden. Kardamom, Zimt, Kreuzkümmel und Koriander am besten im Blitzhacker fein zerkleinern oder zermörsern.

2 Öl in einem weiten Topf erhitzen, Zwiebeln darin bei milder Hitze glasig braten. Ingwer zugeben und kurz mitbraten. Erst die zerkleinerten Gewürze, Schwarzkümmel und Kurkuma unterrühren, dann die Apfelwürfel und 500 Milliliter Wasser zugeben. Zugedeckt aufkochen und bei milder Hitze 10 Minuten köcheln lassen. Inzwischen die Chilischote längs halbieren, entkernen und quer in feine Streifen schneiden. Chili und Mangowürfel zu den Äpfeln geben, alles weitere 20 Minuten kochen.

3 Zucker, Salz und Essig zugeben und die Chutney-Masse bei starker Hitze unter Rühren offen aufkochen. Bei milder Hitze unter häufigem (!) Rühren 25 bis 30 Minuten kochen lassen. Das Chutney hat die richtige Konsistenz, wenn der Topfboden beim Umrühren für einen kurzen Moment als Spur sichtbar bleibt.

4 Chutney sofort randvoll in vorbereitete Twist-off-Gläser füllen und verschließen. Gläser 5 Minuten auf den Deckel stellen, umdrehen und abkühlen lassen.

Tipp Das Chutney gewinnt an Schärfe, wenn Sie die Chilischote mit den Kernen in feine Ringe schneiden und mitkochen.

Holunderbeer-Chutney mit getrockneten Aprikosen

Für 5 Gläser à 200 ml

900 g Holunderbeerdolden
100 g getrocknete Softaprikosen
100 g Schalotten
2 TL schwarze Pfefferkörner
5 TL gelbe Senfsaat
8 Pimentkörner
1/2 TL Zimtpulver
2 TL Chiliflocken
300 ml trockener Rotwein
250 g Vollrohrzucker
1 TL Salz

**Zubereitungszeit:
ca. 1 Stunde 20 Minuten**

ZUBEREITUNG

1 Holunderbeeren waschen, abtropfen lassen und von den Dolden streifen (siehe Tipps). Aprikosen in 1/2 Zentimeter kleine Würfel schneiden. Schalotten abziehen und fein würfeln. Pfeffer, Senfsaat und Pimentkörner am besten im Blitzhacker fein zerkleinern oder zermörsern. Gewürze mit Zimt und Chiliflocken mischen.

2 Rotwein, Holunderbeeren, Aprikosen, Schalotten, Gewürzmischung, Zucker und Salz in einen weiten Topf geben. Chutney-Masse unter Rühren offen aufkochen. Bei mittlerer Hitze unter gelegentlichem Rühren 20 bis 30 Minuten kochen lassen, bis die Holunderbeeren geplatzt sind. Holunderbeeren eventuell mit einem Kartoffelstampfer zerdrücken. Das Chutney hat die richtige Konsistenz, wenn der Topfboden beim Umrühren für einen kurzen Moment als Spur sichtbar bleibt.

3 Chutney sofort randvoll in vorbereitete Twist-off-Gläser füllen und verschließen. Gläser 5 Minuten auf den Deckel stellen, umdrehen und abkühlen lassen.

Tipps Das Abstreifen der Holunderbeeren von den Dolden macht man am schnellsten mit den Händen; diese verfärben sich dabei allerdings leicht. Um dies zu vermeiden, kann man mit Einmalgummihandschuhen arbeiten – oder man benutzt eine Gabel.
Dieses herbstliche Chutney passt sehr gut zu gebratener Lamm- oder Rehkeule. Toll schmeckt das Chutney auch zu frisch gebratenen Frikadellen oder herzhafter Bratwurst.

Würziger *Kirsch*ketchup

ZUBEREITUNG

1 Kirschen waschen, abtropfen lassen und entsteinen. Getrockne-te Kirschen hacken. Zwiebeln abziehen und fein würfeln. Ingwer dünn schälen und fein reiben oder hacken. Öl in einem weiten Topf erhitzen, Zwiebeln darin bei milder Hitze offen 5 Minuten glasig braten, dabei gelegentlich umrühren.

2 Inzwischen die Kardamomkapseln und Pimentkörner mit der breiten Seite eines großen Messers zerdrücken, in einen Einmalteebeutel geben und diesen mit Küchengarn zubinden.

3 Ingwer, Kirschen, getrocknete Kirschen, Apfelsaft, Essig und Zucker unterrühren und alles zugedeckt bei starker Hitze aufkochen. Cayennepfeffer, Salz, Zimt und Gewürzbeutel zugeben und offen unter gelegentlichem Rühren bei mittlerer Hitze 30 Minuten kochen.

4 Gewürzbeutel über der Kirschmasse gut ausdrücken und weg-werfen. Kirschmasse mit einem Schneidstab pürieren und durch ein feines Sieb in eine Schüssel passieren. Ketchup zurück in den Topf geben, auf-kochen und unter Rühren 10 Minuten sprudelnd kochen. Sofort randvoll in vorbereitete Twist-off-Flaschen füllen, verschließen und abkühlen lassen.

Tipps Überraschen Sie Ihre Gäste bei der nächsten Grillparty mit dieser frisch-fruchtigen Ketchupvariante. Der Ketchup passt zu dunklem Fleisch wie Entenbrust und Wild, schmeckt aber auch zu Rindfleischfrikadellen und Kartoffelecken aus dem Ofen.
Die Konsistenz dieses Ketchups ist mit der eines Tomatenketchups aus dem Supermarkt nicht zu vergleichen. Sie ist abhängig vom Wassergehalt der Kirschen. Um die gewünschte Konsistenz zu erreichen, können Sie den Ketchup nach dem Passieren bei starker Hitze unter Rühren weiter einko-chen lassen.

Für 4 Flaschen à 250 ml

1 kg Sauerkirschen
150 g getrocknete Kirschen
200 g rote Zwiebeln
50 g frische Ingwerwurzel
3 EL Öl
6 Kardamomkapseln
8 Pimentkörner
100 ml Apfelsaft
100 ml Apfelessig
150 g brauner Zucker
1/4–1/2 TL Cayennepfeffer
2 TL Salz
1 gestrichener TL Zimtpulver

**Zubereitungszeit:
ca. 1 Stunde 15 Minuten**

Mirabellen-Chutney
mit Paprika

ZUBEREITUNG

1 Mirabellen verlesen, waschen und abtropfen lassen. Inzwischen die Paprika putzen, vierteln und entkernen. Viertel in kochendes Wasser geben und 3 bis 4 Minuten kochen lassen, herausheben und abschrecken. Paprika häuten, Fruchtfleisch in kleine Würfel schneiden.

2 Mirabellen halbieren, entkernen und das Fruchtfleisch grob würfeln. Zwiebeln abziehen, längs halbieren und quer in 1/2 Zentimeter dicke Halbringe schneiden. Knoblauch abziehen und fein hacken. Ingwer dünn schälen und fein reiben oder hacken. Chilischoten von den Stielansätzen befreien und mit den Kernen fein hacken.

3 Mirabellen, Zwiebeln, Paprika, Knoblauch, Ingwer und Chili in einem weiten Topf mischen. Kurkuma, Zucker und Salz unterrühren. Senfsaat und Essig zugeben und die Chutney-Masse bei starker Hitze unter Rühren offen aufkochen. Bei milder Hitze unter gelegentlichem Rühren 20 bis 25 Minuten kochen lassen. Das Chutney hat die richtige Konsistenz, wenn der Topfboden beim Umrühren für einen kurzen Moment als Spur sichtbar bleibt.

4 Chutney sofort randvoll in vorbereitete Twist-off-Gläser füllen und verschließen. Gläser 5 Minuten auf den Deckel stellen, umdrehen und abkühlen lassen.

Tipp Mirabellen-Chutney passt sehr gut zu gebratenem Geflügel. Probieren Sie es aber auch einmal zu indischen Currygerichten.

Für 5 Gläser à 200 ml

1 kg Mirabellen
1 große rote Paprikaschote (ca. 200 g)
250 g Zwiebeln
2–3 Knoblauchzehen
60 g frische Ingwerwurzel
2–3 rote Chilischoten
1 gehäufter TL Kurkumapulver
150 g Zucker
1 TL Salz
je 1 TL gelbe und schwarze Senfsaat
150 ml Himbeeressig

**Zubereitungszeit:
ca. 1 Stunde 30 Minuten**

Balsamico-Quitten-Gelee mit Thymian

Für 3 Gläser à 200 ml

600 g Quitten
6 Zweige Thymian
400 ml Aceto balsamico
300 g Vollrohrzucker
1 Päckchen Gelierpulver 2:1 (25 g)

**Zubereitungszeit:
ca. 1 Stunde 30 Minuten
(plus Abtropfzeit)**

ZUBEREITUNG

1 Quitten mit einem Tuch abreiben, um den anhaftenden Flaum zu entfernen, mit einem großen Messer in grobe Stücke schneiden, Stiel- und Blütenansätze dabei entfernen. Quitten in einem Topf mit 500 Millilitern Wasser bedecken, zugedeckt aufkochen und bei milder Hitze 45 Minuten köcheln lassen. Ein grobes Sieb mit einem Mulltuch auslegen und über eine Schüssel hängen. Quitten hineingeben und am besten über Nacht abtropfen lassen.

2 Thymianzweige mit Küchengarn zusammenbinden. Aceto balsamico und Thymian in einen großen Topf geben und bei starker Hitze auf 250 Milliliter einkochen lassen. Die Thymianzweige entfernen. Quitten leicht ausdrücken, 400 Milliliter Saft abmessen und zum Aceto balsamico geben.

3 Zucker und Gelierpulver mischen. Mit der Quitten-Balsamico-Mischung verrühren, bei starker Hitze unter Rühren aufkochen und 3 Minuten sprudelnd kochen lassen. Eine Gelierprobe machen und das Gelee eventuell abschäumen (siehe Seite 10). Gelee sofort randvoll in vorbereitete Twist-off-Gläser füllen und verschließen. Gläser 5 Minuten auf den Deckel stellen, umdrehen und abkühlen lassen.

Tipps Viel Zeit können Sie sparen, wenn Sie das Gelee mit gekauftem Quittensaft (aus dem Naturkostladen) zubereiten.
Mit Balsamico-Quitten-Gelee können Sie Ihre Käseplatte wunderbar bereichern. Es schmeckt hervorragend zu verschiedenen Hartkäsen, aber auch zu Ziegenfrischkäse und Büffelmozzarella.

Pikante Rote-Bete-Konfitüre mit Pfefferminze

Für 5 Gläser à 200 ml

450 g Rote Bete
1 rote Chilischote
3–4 Knoblauchzehen
250 g Vollrohrzucker
250 ml Apfelsaft
250 ml Apfelessig
1 TL Salz
1 großes Bund Pfefferminze
1/2 Päckchen Gelierpulver 2 : 1 (12 g)

**Zubereitungszeit:
ca. 1 Stunde 30 Minuten**

ZUBEREITUNG

1 Rote Bete schälen, auf der groben Seite einer Haushaltsreibe raspeln und in einen weiten Topf geben. Chilischote längs halbieren und entkernen. Knoblauch abziehen. Chili und Knoblauch fein hacken und in den Topf geben. Zucker (bis auf 1 Esslöffel) unterrühren. Mit Apfelsaft, Essig und Salz zugedeckt aufkochen und bei milder Hitze 40 bis 45 Minuten weich kochen.

2 Rote-Bete-Mischung mit einem Schneidstab fein pürieren und nach Belieben durch ein feines Sieb streichen. Pfefferminze waschen, trockenschütteln und 50 Gramm Blättchen abzupfen. Minzeblättchen fein hacken. Gelierpulver und 1 Esslöffel Zucker mischen und unter die Konfitüremasse rühren.

3 Masse bei starker Hitze unter Rühren aufkochen und 3 Minuten sprudelnd kochen lassen. Eine Gelierprobe machen, die Konfitüre eventuell abschäumen (siehe Seite 10) und die gehackten Minzeblättchen unterrühren.

4 Konfitüre sofort randvoll in vorbereitete Twist-off-Gläser füllen und verschließen. Gläser 5 Minuten auf den Deckel stellen, umdrehen und abkühlen lassen.

Tipps Schneller geht es, wenn Sie die geraspelte Rote Bete mit Chili, Knoblauch, Zucker, Apfelsaft, Essig und Salz im Dampfdrucktopf garen. Das dauert 15 Minuten. Bitte dabei die Gebrauchsanleitung des Topfherstellers beachten.
Die Rote-Bete-Konfitüre passt zu Roastbeefaufschnitt oder kaltem Schweinebraten ebenso gut wie zu kräftigen Fleischterrinen.

Cranberry-Quitten-Chutney
mit Sultaninen

ZUBEREITUNG

1 Cranberrys verlesen, waschen und abtropfen lassen. Quitten mit einem Tuch abreiben, um den anhaftenden Flaum zu entfernen. Quitten und Birne schälen, vierteln und entkernen. Beides in 1 Zentimeter kleine Würfel schneiden. Orangen und Zitrone auspressen, 250 Milliliter Saft abmessen und mit den Quitten- und Birnenwürfeln in einem weiten Topf mischen.

2 Zwiebel und Knoblauch abziehen. Zwiebel fein würfeln, Knoblauch fein hacken. Ingwer dünn schälen und fein reiben oder hacken. Zwiebel, Knoblauch, Ingwer, Piment und Sternanis zu den Quitten-Birnen geben. Zucker und Salz untermischen. Cranberrys (gegebenenfalls gefroren) und Sultaninen unterrühren.

3 Chutney-Masse bei mittlerer Hitze unter Rühren offen aufkochen. Bei milder Hitze unter gelegentlichem Rühren 30 bis 35 Minuten köcheln lassen. Das Chutney hat die richtige Konsistenz, wenn der Topfboden beim Umrühren für einen kurzen Moment als Spur sichtbar bleibt.

4 Chutney sofort randvoll in vorbereitete Twist-off-Gläser füllen und verschließen. Gläser 5 Minuten auf den Deckel stellen, umdrehen und abkühlen lassen.

Tipps Für dieses Chutney müssen die Quitten richtig reif sein. Dann sind sie weniger hart und lassen sich mit einem großen, scharfen Messer einfach würfeln.
Die Idee für dieses Cranberry-Chutney stammt aus den USA; dort wird traditionell eine Cranberrysauce zum Thanksgiving-Puter gegessen. Das milde Chutney passt sehr gut zu knusprig gebratenem Geflügel, ist aber auch lecker zu Blauschimmelkäse.

Für 6 Gläser à 200 ml

300 g Cranberrys (evtl. TK-Ware)
600 g Quitten
1 reife feste Birne (200 g)
2–3 Orangen
1 Zitrone
1 große rote Zwiebel
1–2 Knoblauchzehen
25 g frische Ingwerwurzel
1/2 TL Pimentpulver
1 TL Sternanispulver
350 g brauner Zucker
1 TL Salz
75 g Sultaninen

Zubereitungszeit:
ca. 1 Stunde 30 Minuten

Gläser & Flaschen
beschriften & verpacken

Hat man Konfitüre, Gelee, Chutney oder Sirup gekocht und in Gläser oder Flaschen gefüllt, muss das Eingemachte beschriftet werden, um Verwechslungen auszuschließen und das Eingemachte nach Datum zu verbrauchen. In der Papierwarenabteilung von Kaufhäusern oder im Bürowarengeschäft finden Sie viele einfarbige, bunte oder gemusterte selbstklebende Etiketten, mit denen Sie Ihre Gläser kennzeichnen können.
Für die Lagerung zu Hause reicht ein einfaches Etikett aus. Ein individuelles Geschenk wird aus dem Eingemachten jedoch erst mit einer gestalteten Beschriftung und einer schönen Verpackung. Hier ein paar Gestaltungsvorschläge:

Spitzendeckel Ein passendes Tortendeckchen (aus dem gut sortierten Supermarkt oder Fachgeschäft für Dekorationsbedarf) auf den Deckel legen und mit einem Gummiband fixieren. Eine passende Schleife um den Deckel binden und das Gummiband entfernen. Das Deckchen kann zusätzlich mit guten Wünschen oder mit Hinweisen (z. B. »Passt zu Geflügel«) beschriftet werden (Bild links unten).

Blattetikett Pflanzenblätter nebeneinander zwischen Zeitungspapier trocknen und gleichzeitig ein paar Tage beschwert pressen. Mit einem Goldstift beschriften und mit naturfarbenem Bast ans Glas binden. Besonders einfach geht das mit getrockneten oder frischen Lorbeerblättern (Bild links oben).

Kiste für mehrere Gläser Es empfiehlt sich, möglichst gleich große Gläser bruchgeschützt (beispielsweise mit Holzwolle, Heu oder Noppenfolie) in einer (Wein-) Flaschenkiste (aus dem Weinladen Ihres Vertrauens)

verpackt zu verschenken oder (sehr gut gesichert!) zu verschicken (Bild rechts unten).

Glas mit Marmeladenlöffel Im Haushaltswarenhandel finden Sie Löffel mit einem geknickten Stiel. Den Löffel mit einem Glas in einen entsprechend großen Cellophanstandbeutel geben und mit passendem Band zubinden (Bild rechts oben).

Stoffdeckel Stoff mit einer (Zacken-)Schere passend zuschneiden. Auf den Deckel legen und mit einem Gummiband fixieren. Eine passende Schleife um den Deckel binden und das Gummiband entfernen. Tipp: Sie können auch Papierservietten verwenden.

Banderolenetikett Glasumfang mit einem Maßband messen und Selbstklebefolie (oder -papier) entsprechend zuschneiden. Die Breite der Banderole entspricht der Höhe des Glases. Mit Folienstift beschriften und um das Glas kleben.

Rezepte mit Eingekochtem

Zum Frühstück hat sie jeder gern – Konfitüre, Gelee & Co. können aber noch viel mehr, als uns den Start in den Tag zu versüßen! Hat man sie erst einmal im Glas, kommen sie als Füllung für Tartelettes, Hörnchen oder Muffins ganz groß wieder raus. Und Salate bekommen mit Süßem und Pikantem aus dem Vorrat völlig neue fruchtbetonte Dressings. Chutneys und Relishes werten üppig belegte Sandwiches und knusprige Bagels pikant-fruchtig auf.

Tartelettes mit karamellisierter Curd-Füllung

Für 4 Tartelettes

Teig
140 g Mehl (Type 550)
1 Messerspitze Backpulver
40 g geröstete gemahlene Mandeln
80 g zimmerwarme Butter
30 g Puderzucker
1 Prise Salz
1 Ei (Kl. M), getrennt

Füllung
300 ml Maracuja-Curd
(siehe Seite 58)
4 TL brauner Zucker

Außerdem
4 Tarteletteförmchen (Ø 12 cm)
Backpapier und Hülsenfrüchte
zum Blindbacken

Zubereitungszeit:
ca. 1 Stunde 15 Minuten
(plus Kühlzeiten)

Das Foto zu diesem Rezept finden Sie auf Seite 82.

ZUBEREITUNG

1 Mehl, Backpulver und Mandeln mischen. Butter, Puderzucker und Salz mit den Knethaken des Handrührers verkneten. Eigelb kurz unterarbeiten. Mit der Mehlmischung rasch zu einem glatten Teig verkneten. Teig zu einem flachen Ziegel formen und in Folie gewickelt 1 Stunde kalt stellen.

2 Teig in 4 Portionen teilen und jeweils zwischen Backpapier 4 Millimeter dick ausrollen. Ohne Papier in 4 beschichtete oder gefettete Tartetteförmchen (Durchmesser 12 Zentimeter) geben, Rand andrücken und begradigen. Teig mit einer Gabel mehrfach einstechen und 15 Minuten kalt stellen. Backofen auf 200 °C vorheizen. Teig mit Backpapier und Hülsenfrüchten belegen. Tartelettes im heißen Ofen auf dem Rost in der untersten Schiene 15 Minuten blindbacken (Umluft 180 °C).

3 Papier und Hülsenfrüchte entfernen, Teig mit verquirltem Eiweiß bestreichen. Tartelettes weitere 5 Minuten backen. In den Förmchen auf einem Kuchenrost abkühlen lassen.

4 Die Tartelettes aus den Förmchen lösen. Curd durchrühren und auf die Tartelettes verteilen. Vor dem Servieren portionsweise mit je 1 Teelöffel braunem Zucker bestreuen und sofort goldbraun karamellisieren (siehe Tipp).

Tipp Zum Karamellisieren finden Sie im Küchenladen sogenannte Flambierbrenner. Es eignet sich aber auch eine Lötlampe aus dem Baumarkt.

Variante mit Himbeeren Die Tartelettes schmecken auch mit Himbeer-Curd (siehe Seite 57). Dann die gefüllten Tartelettes mit 125 Gramm frischen Himbeeren garnieren und mit Puderzucker bestäuben.

Mandelhörnchen mit Konfitürefüllung

ZUBEREITUNG

1 Zucker, Salz, Milch, Öl und Quark verrühren. Mehl und Backpulver mischen, darauf sieben und mit den Knethaken des Handrührers zu einem glatten Teig verkneten.

2 Teig auf der leicht bemehlten Arbeitsfläche zu einem Rechteck (ca. 40 mal 25 Zentimeter) ausrollen. Ränder mit einem Messer gerade schneiden. Teig in 6 Rechtecke schneiden. Rechtecke diagonal halbieren, sodass 12 Dreiecke entstehen.

3 Jeweils an der schmalen Seite der Dreiecke 1 gehäuften Teelöffel Konfitüre als Streifen verteilen, dabei an den Seiten jeweils einen fingerbreiten Rand frei lassen. Teig von der schmalen Seite zur Spitze mit leichtem Druck aufrollen. Enden etwas herausziehen und die Rollen zu Hörnchen biegen.

4 Hörnchen nebeneinander auf ein mit Backpapier ausgelegtes Blech legen. Eigelb und 1 Esslöffel Wasser verrühren, Hörnchen damit gleichmäßig bestreichen und mit Mandelblättchen bestreuen. Im 180 °C heißen Ofen (Umluft 160 °C) in der mittleren Schiene in 20 bis 25 Minuten goldbraun backen.

Tipp Für diese Hörnchen können Sie Ihre Lieblingskonfitüre verwenden. Sehr gut schmecken die Hörnchen beispielsweise mit Rote-Grütze-Konfitüre (siehe Seite 24) oder mit Heidelbeerkonfitüre (siehe Seite 18).

Für 12 Hörnchen

60 g Zucker

1 Prise Salz

5 EL Milch

5 EL Öl

125 g Magerquark

200 g Mehl (Type 550)

2 TL Backpulver

12 gehäufte TL Konfitüre (siehe Tipp)

1 Eigelb (Kl. M)

50 g Mandelblättchen

Zubereitungszeit: ca. 40 Minuten

Das Foto zu diesem Rezept finden Sie auf Seite 82.

Muffins mit Konfitürefüllung

Für 12 Muffins

350 g Mehl (Type 550)
2 TL Backpulver
1/2 TL Natron
60 g Zucker
1 Päckchen Vanillezucker
1 Prise Salz
2 Eier (Kl. M)
7 EL Rapskernöl
200 g Joghurt
12 TL Erdbeerkonfitüre (siehe Seite 16)
Puderzucker zum Bestäuben

Zubereitungszeit: ca. 45 Minuten

ZUBEREITUNG

1 Mehl, Backpulver, Natron, Zucker, Vanillezucker und Salz mischen. Eier, Öl und Joghurt mit den Quirlen des Handrührers verrühren. Mehlmischung auf die Eiermischung geben und kurz unterrühren, sodass alle Zutaten gerade vermischt sind.

2 Die 12 Mulden einer Muffinform mit Papierförmchen auslegen oder fetten. Die Hälfte des Teiges einfüllen und mit einem nassen Teelöffel kleine Mulden in den Teig drücken. Je 1 Teelöffel Konfitüre hineingeben und den restlichen Teig darauf verteilen.

3 Im 180 °C heißen Backofen (Umluft 160 °C) auf dem Rost in der mittleren Schiene 25 bis 30 Minuten backen. Muffins in der Form abkühlen lassen und mit Puderzucker bestäuben.

Tipps Für diese Muffins können Sie nach Herzenslust Ihre jeweilige Lieblingskonfitüre verwenden.
Kein Muffinblech zur Hand? Kein Problem! Stellen Sie jeweils 2 Muffinförmchen aus Papier ineinander und verteilen Sie diese auf einem Backblech. Dann den Teig wie oben beschrieben einfüllen und backen.
Mit Muffinförmchen aus Papier lassen sich Gläser oder Flaschen effektvoll dekorieren. Förmchen einfach über die Deckel stülpen und mit Schleifenband oder Küchengarn festbinden (siehe auch Foto auf Seite 53).

Kopfsalat mit Holunderblütensirup-Dressing

Für 4 Portionen 5 Esslöffel weißen Aceto balsamico und **2 bis 3 Esslöffel Holunderblütensirup** (siehe Seite 60) verrühren, salzen und pfeffern. **6 Esslöffel natives Rapskernöl** mit einem Schneebesen unterschlagen. Blättchen von **6 Stielen Zitronenmelisse** in feine Streifen schneiden und untermischen. **6 reife Aprikosen** waschen, halbieren und entsteinen. Fruchtfleisch in Spalten schneiden. **250 Gramm Tomaten** waschen und halbieren. Stielansätze dabei entfernen. Tomatenhälften in Spalten schneiden. **1 kleinen Kopfsalat** putzen, waschen und trockenschleudern. Blätter mundgerecht zerzupfen und mit Aprikosen, Tomaten und Dressing mischen. Mit gerösteten **Pinienkernen** bestreut servieren.
Zubereitungszeit: ca. 30 Minuten

Rote-Bete-Salat mit Granatapfelsirup-Dressing

Für 4 Portionen 2 Schalotten abziehen und fein würfeln. In kochendem Wasser 30 Sekunden kochen lassen, kalt abschrecken und abtropfen lassen. **4 Esslöffel weißen Aceto balsamico** und **3 Esslöffel Granatapfelsirup** (siehe Seite 60f.) verrühren, salzen und pfeffern. **6 Esslöffel gutes Olivenöl** mit einem Schneebesen unterschlagen. **3 gegarte Rote Bete** (250 Gramm; aus dem Vakuumpack) in Spalten schneiden. **200 Gramm Möhren** schälen, mit einem Sparschäler in dünne Scheiben hobeln. **2 Stauden Chicorée** (ca. 400 Gramm) putzen, der Länge nach halbieren und quer in feine Streifen schneiden. Schalotten unter das Dressing mischen und mit Roter Bete, Möhren und Chicorée hübsch anrichten.
Zubereitungszeit: ca. 30 Minuten

Käsesalat mit bayerischem Weißbiergelee-Dressing

Für 4 Portionen 5 Esslöffel Weißweinessig und 3 Esslöffel **Weißbiergelee** (siehe Seite 52) in einem kleinen Topf erwärmen. 4 Esslöffel kaltes Wasser und **2 bis 3 Teelöffel grobkörnigen Senf** unterrühren, salzen und pfeffern. **6 Esslöffel natives Rapskernöl** mit einem Schneebesen unterschlagen. **Je 150 Gramm Bergkäse und Gouda** in 1 Zentimeter große Würfel schneiden. **1 Bund Radieschen** putzen, waschen und in dünne Scheiben schneiden oder hobeln. Käse und Radieschen mit dem Dressing mischen. **1 Bund Schnittlauch** in feine Röllchen schneiden und vor dem Servieren über den Käsesalat streuen.
Zubereitungszeit: ca. 30 Minuten

Schinken-Brot-Salat mit Cranberry-Apfel-Gelee-Dressing

Für 4 Portionen 5 Esslöffel Himbeeressig und 3 Esslöffel **Cranberry-Apfel-Gelee** (siehe Seite 48) in einem kleinen Topf erwärmen. 3 Esslöffel kaltes Wasser unterrühren, salzen und pfeffern. **5 Esslöffel gutes Olivenöl** mit einem Schneebesen unterschlagen. **5 Scheiben Graubrot** toasten und 2 Zentimeter groß würfeln. **200 Gramm Schwarzwälder Schinken** (in Scheiben) in Stücke schneiden und in **1 Esslöffel Öl** knusprig braten. **1 rotschaligen Apfel** ungeschält vierteln, entkernen und in dünne Scheiben schneiden. **1 kleines Bund Rucola** waschen und trockenschleudern. Schinken, Brot, Apfel, Rucola und Dressing mischen.
Zubereitungszeit: ca. 30 Minuten

Bagels mit Pute und Chutney

Für 4 Bagels

1 reife Mango (350 g)
300 g Tomaten
6–8 Salatblätter
4 Bagels nach Wahl
120 g Doppelrahmfrischkäse
1/2 Glas Chutney,
z.B. Mango-Chutney
(siehe Seite 70)
200 g geräucherte Putenbrust
in Scheiben
Salz, Pfeffer
1 Beet Gartenkresse

Zubereitungszeit: ca. 20 Minuten

ZUBEREITUNG

1 Mango schälen, das Fruchtfleisch vom Kern schneiden und in Scheiben schneiden. Tomaten waschen, ohne die Stielansätze in dünne Scheiben schneiden. Salatblätter waschen, trockentupfen und jeweils halbieren.

2 Bagels waagerecht halbieren, die Schnittflächen mit Frischkäse bestreichen. Je 1 Teelöffel Chutney auf den unteren Hälften verteilen. Erst die Salatblätter, dann die Mangoscheiben darauf geben. Putenbrust auf die Bagelhälften verteilen, je 1 Teelöffel Chutney darauf geben.

3 Mit Tomatenscheiben belegen, salzen, pfeffern und mit abgeschnittener Kresse bestreuen. Obere Bagelhälften aufsetzen, leicht andrücken und servieren.

Sandwiches mit Frucht-Relish

Für 4 Sandwiches

1 Minisalatgurke (200 g)
1 reife Avocado
1 Minirömersalat
8 EL Salatmayonnaise
2 EL mittelscharfer Senf
12 Scheiben Vollkorn-Sandwichbrot
12 Scheiben Roastbeef
6 EL Frucht-Relish, z.B. Heidelbeer-
Trauben-Relish (siehe Seite 69)
Salz, Pfeffer

Zubereitungszeit: ca. 25 Minuten
(plus Ziehzeit)

ZUBEREITUNG

1 Gurke waschen, streifig schälen und in dünne Scheiben schneiden. Avocado längs halbieren, den Kern entfernen, Fruchtfleisch mit einem großen Löffel aus der Schale heben und in Scheiben schneiden. Salat aufblättern, waschen und trockentupfen.

2 Mayonnaise und Senf verrühren. 4 Brotscheiben damit bestreichen, Salat und Roastbeef darauf verteilen, mit Relish bestreichen. 4 weitere Brote beidseitig mit Mayonnaise bestreichen, auf das Fleisch legen. Mit Gurken- und Avocadoscheiben belegen, salzen und pfeffern. Übrige 4 Brote mit restlicher Mayonnaise bestreichen. Mit der bestrichenen Seite leicht auf die Sandwiches drücken, jeweils fest in Frischhaltefolie wickeln, 30 Minuten durchziehen lassen. Diagonal halbiert servieren.

Hähnchen-Reis-Salat
mit Chutney-Dressing

Für 4–6 Portionen

250 g Langkornreis
Salz
150 g Magermilchjoghurt
100 g Salatmayonnaise
5 EL Mango-Chutney
(siehe Seite 70)
2–3 EL weißer Aceto balsamico
Pfeffer
2 Hähnchenbrustfilets à ca. 180 g
Cayennepfeffer
2 EL Öl
150 g Zuckerschoten
150 g TK-Erbsen
3–4 Frühlingszwiebeln
1 reife Mango
1 Minirömersalat
40 g Erdnusskerne
(geröstet und gesalzen)

Zubereitungszeit: ca. 1 Stunde

ZUBEREITUNG

1 Reis in kochendem Salzwasser nach Packungsanweisung garen. Inzwischen Joghurt und Mayonnaise glatt rühren. Chutney und Essig untermischen und mit Salz und Pfeffer abschmecken. Reis abgießen und abschrecken. Kurz abtropfen lassen, auf einem Blech ausbreiten und auskühlen lassen.

2 Backofen auf 200 °C vorheizen. Fleisch trockentupfen und rundum mit Salz und Cayennepfeffer würzen. Öl in einer Pfanne erhitzen, Fleisch darin auf beiden Seiten goldbraun anbraten. Fleisch in einer ofenfesten Form auf dem Rost in der Backofenmitte in 15 Minuten fertig garen (Umluft nicht empfehlenswert).

3 Zuckerschoten putzen und schräg in 1 Zentimeter breite Streifen schneiden. Mit den Erbsen in kochendem Salzwasser 3 Minuten kochen, abschrecken und abtropfen lassen. Frühlingszwiebeln abziehen, weiße und hellgrüne Teile schräg in feine Ringe schneiden. Mango schälen, Fruchtfleisch vom Stein schneiden und in dünne Scheiben schneiden. Salatblätter ablösen, waschen, trockentupfen, in mundgerechte Stücke teilen und auf eine Platte geben.

4 Hähnchenfleisch quer in dünne Scheiben schneiden. Reis mit Zuckerschoten, Erbsen, Frühlingszwiebeln, Mango und Fleisch mischen und auf den Salat geben. Erdnüsse hacken. Joghurtsauce über den Salat verteilen und mit den Erdnüssen bestreuen.

Gekühlte Aprikosen-Buttermilch-Suppe

ZUBEREITUNG

1 Schalotten abziehen und fein würfeln. Öl erhitzen und die Schalottenwürfel darin bei mittlerer Hitze glasig braten. Schalotten mit Mehl bestäuben und unterrühren. Mit Brühe ablöschen, zugedeckt aufkochen und bei milder Hitze 5 Minuten kochen lassen.

2 Inzwischen die Aprikosen waschen, halbieren und entsteinen. Fruchtfleisch in 1 Zentimeter große Würfel schneiden. Kürbis-Chutney unter die Brühe rühren und weitere 3 bis 4 Minuten kochen lassen. Suppe mit einem Schneidstab pürieren. Aprikosen in die Suppe geben und unter Rühren aufkochen. Suppe von der Kochstelle nehmen und mit Buttermilch verrühren. Kräftig mit Salz und Pfeffer abschmecken.

3 Suppe in einem kalten Wasserbad abkühlen lassen und mindestens 3 Stunden, besser über Nacht, im Kühlschrank durchkühlen lassen. Mit Schnittlauchröllchen bestreut servieren.

Tipp Diese Suppe können Sie auch mit dem Mango-Chutney von Seite 70 zubereiten. Dann die Aprikosen durch 1 reife Mango ersetzen.

Für 4 Portionen

2 Schalotten
2 EL Öl
1 EL Mehl
250 ml Gemüsebrühe
300 g reife Aprikosen
100 g Kürbis-Chutney (siehe Seite 65)
750 g Buttermilch
Salz, Pfeffer
3 EL Schnittlauchröllchen

Zubereitungszeit: ca. 30 Minuten (plus Kühlzeit)

Rezeptregister